MANUEL DELGADO VILLEGAS

EL ARROPIERO: UN PSICÓPATA NECRÓFILO

AMERICAN
BOOK GROUP

INNOVANT PUBLISHING
SC Trade Center: Av. de Les Corts Catalanes 5-7
08174, Sant Cugat del Vallès, Barcelona, España
© 2026, Innovant Publishing SLU
© 2026, TRIALTEA USA, L.C. d.b.a. AMERICAN BOOK GROUP

Director general: Xavier Ferreres
Director editorial: Pablo Montañez
Director de producción: Xavier Clos

Colaboran en la realización de esta obra colectiva:
Directora de márqueting: Núria Franquesa
Project Manager: Anne de Premonville
Office Assistant: Marina Bernshteyn
Director de arte: Oriol Figueras
Diseño y maquetación: Roger Prior
Edición gráfica: Emma Lladó
Coordinación y edición: Adriana Narváez
Seguimiento de autor: Eduardo Blanco
Redacción: Florencia Romeo
Corrección: Olga Gallego García
Créditos fotográficos: @Archivo El Caso.
Creative Commons Attribution Unknown (CC BY-SA).
©FBI Archive. ©Shutterstock. @Archivo RTVE.

ISBN: 9781681659077
Library of Congress: 2021946879

Impreso en Estados Unidos de América
Printed in the United States

Índice

Capítulo 1

CAMINO A EL PUERTO DE SANTA MARÍA

«circular[1]
Del lat. circulāris.

3. adj. Dicho de un proceso: Que parece no tener fin porque acaba en el punto en que empieza.»

Real Academia Española, *Diccionario de la lengua española, 2020.*

La vida, según se piense, parece ser un círculo. Y en el círculo existe un punto de partida al que se termina retornando y donde todo parece recomenzar.

En este sentido, el regreso de Manuel Delgado Villegas a El Puerto de Santa María representó el principio del fin. La vuelta a la ciudad de sus primeros años de vida marcaría un punto de inflexión en su propia historia y también en la de España. Pero eso era algo que aún nadie sabía.

L a vida de Manuel Delgado Villegas transcurrió como una historia anónima llena de luces y sombras y con pocos datos fiables sobre su vida.

La mayoría de los documentos disponibles consignan que Delgado Villegas habría nacido el 25 de enero de 1943 en El Puerto de Santa María (Cádiz), en plena posguerra española. Pero hay otros, como su documento de identidad, que afirman que habría llegado a este mundo el 3 de diciembre de ese mismo año, es decir, 11 meses después. En cuanto al lugar de nacimiento, algunos lo sitúan en El Puerto de Santa María, y otros en Sevilla. En cualquier caso, lo que se sabe a ciencia cierta es que Josefa, su madre, de solo 24 años, murió en el parto y dejó huérfanos al recién nacido y a su hermana mayor, Joaquina. La muerte selló su destino de manera casi irremediable desde el inicio. Si así comenzó su existencia, ¿cómo habría de continuar?

La vida en ese barrio de chabolas donde vivía José, su padre, durante la posguerra estaba signada por la miseria y la escasez, y si algo conoció Delgado Villegas desde niño además de la pobreza, fueron los golpes y el maltrato de su progenitor. Ante la perspectiva de un nuevo casamiento y con dos críos que alimentar, el padre decidió dejar a los niños al cuidado de su abuela materna, quien pronto se mudó lejos, a la ciudad de Mataró, en la otra punta de España, sobre la costa norte de Barcelona.

La esperanza de una vida mejor se esfumó ni bien llegar. Además de la abuela, en la crianza también intervinieron otros familiares; pero lejos de constituir un entorno amable, aquí también prevalecieron el desamor, los reiterados golpes y abusos, y el maltrato.

La escasez económica, propia de la posguerra, y las carencias afectivas marcarían su vida para siempre. ¿Hubiera sido otra su historia en un mejor entorno? No lo sabemos, pero nada de cuanto le rodeaba le ayudó a sacar lo mejor de sí. Todo lo contrario; los modelos con los que creció fueron violentos y patológicos. Cuesta saber cuánto de esto influyó en el tartamudeo y en la dislexia de Delgado Villegas, que le impedían comunicarse con fluidez. Pero lo cierto es que, si bien fue a la escuela, nunca aprendió a leer ni a escribir, quizá por su condición de disléxico y apenas si dibujaba su nombre cuando debía firmar un papel. Una disputa con un maestro reveló su carácter violento y terminó siendo expulsado del colegio. Lo que sí logró durante su infancia fue hacerse respetar por todos, niños y adultos, porque siempre se distinguió por su poderosa condición física y su mal talante. Ya desde pequeño daba muestras de su temperamento agresivo y deambulaba por las calles cometiendo pequeñas fechorías. Mucho después, ya adulto, el joven sostenía que él no era normal, porque recordaba que su abuela le había contado que se comía la tierra de las macetas.

Lejos, bien lejos

A los 15 años, el muchacho perdió a su abuela y la relación con su hermana cambió para siempre. Es triste decirlo, pero es bastante probable que la única persona con la que Delgado Villegas estableció algo parecido a un vínculo afectivo fue con su hermana Joaquina; y fue a esa misma persona a la que enfrentó y empezó a considerar su enemiga. Siempre maltratado, solo y sintiéndose abandonado, comenzó a verse a sí mismo como una suerte de justiciero contra el mundo.

Paradójicamente, a esa edad no le gustaba el fútbol, un deporte al que consideraba violento y en el que el público insultaba. Tampoco le agradaban las corridas de toros, porque decía que hacían sufrir a los pobres animales. Prefería las películas de wésterns, porque los pistoleros malos siempre eran castigados, según sus propias palabras.

Por la dislexia y el tartamudeo, la gente lo trataba como un tonto, pero no lo era. Aun analfabeto y de pocas luces, se las ingenió para sobrevivir como pudo. Esto incluyó desde la donación de sangre hasta el ejercicio de la prostitución para hacerse de algún dinero. Tuvo un período de «chapero», es decir, vendía su cuerpo a otros hombres en el barrio del Raval, también conocido como el «barrio chino» de Barcelona.

Avanzaba la década de 1950 y ya casi la del 60, cuando el franquismo y la miseria obligaban a Delgado Villegas a vivir como podía en los barrios más marginales y los bajos fondos de aquella Barcelona gris. La guerra en Catalunya fue sinónimo de hambre, al principio porque las principales zonas productoras del Estado habían quedado en manos de los rebeldes y en la zona republicana no había para comer. Con el advenimiento del franquismo, la situación no mejoró. Peor aún, la hambruna se prolongó por muchos años y no había tarjetas de racionamiento que alcanzaran.

Ya a los 16 años, Delgado Villegas se jactaba de tener una sexualidad excitante. Su día a día transcurría entre prostitutas, proxenetas y homosexuales, entre los cuales era muy popular, aunque contradictoriamente dijera aborrecerles. Vivió durante mucho tiempo de su cuerpo, prostituyéndose con hombres o siendo chulo de mujeres, aprovechando que era un hombre de aspecto atractivo y carácter desenfrenado. Tampoco es que tuviera mayores posibilidades de encontrar trabajo, lo que le condenaba a la marginalidad. Lo admitiera o no, Delgado Villegas era bisexual, mantenía encuentros sexuales tanto con mujeres como con hombres, ya fuera por dinero o porque lo deseaba. Con el tiempo se supo que padecía de una disfunción llamada «anaspermatismo», es decir, no podía eyacular, porque la erección le duraba muchísimo tiempo, lo que le permitía tener varios coitos sin llegar al orgasmo. Esta condición le hizo ganar amplia fama en los barrios bajos, en especial, entre los homosexuales; aunque muchos de ellos no llegarían a enterarse nunca de que Delgado Villegas se excitaba y llegaba al clímax ejerciendo la violencia durante el coito.

El Puerto de Santa María es uno de los municipios de Cádiz (Andalucía) y está ubicado sobre la bahía homónima, en la desembocadura del río Guadalete.

Ciertamente, el sexo sería protagonista fundamental de su historia, al punto de practicar la necrofilia o mantener relaciones sexuales con cadáveres.

Harto de estar harto...

A finales de noviembre de 1970, con 27 años y tras mucho tiempo de andar deambulando incluso por otros países, Delgado Villegas volvió a tierra española, más precisamente al norte, desde donde tomó El Sevillano con destino a su Puerto de Santa María, a reencontrarse con su padre y su nueva esposa. El tren unía Cataluña con Andalucía en un viaje interminable que llegó a durar 30 horas. El transporte era siempre el mismo, pero según donde se dirigiera, cambiaba de nombre, por eso hacia el Norte le decían «El Catalán», y hacia el Sur se lo conocía como «El Sevillano», «El Malagueño» o «El Granadino», según a qué provincia andaluza se dirigiera. Muchos nombres para un tren que, al fin de cuentas, era «el tren de los emigrantes», por aquellos miles que lo abordaron en los años de la posguerra buscando futuro cerca de la frontera con Francia, que es lo que oportunamente había intentado la abuela de Delgado Villegas cuando se marchó con la familia a Mataró.

Pero el periplo llegaba a su fin y era hora de volver a casa. Atrás quedaba la dura experiencia de la Legión Española y unos oscuros días en Francia y en Italia. Se había convertido en un experto en pasar fronteras ilegal e inadvertidamente. Alguna vez le detuvieron, pero eso solo sirvió para refinar sus pasos y volverse invisible al ojo (desatento) de la autoridad. También había sido sospechado de algún crimen o de un delito menor, pero todo quedó en la nada por falta de pruebas.

Cómo logró sobrevivir en tierra extranjera sin saber leer es un misterio y eso explica que no era el tonto que todos creían. Pero ya era 1970 y poco quedaba del muchachito que había partido en su niñez. Delgado Villegas era ahora un hombre de buen ver, estatura mediana, unos 1,70 m de altura, y complexión fuerte.

Entre los rasgos que le distinguían, se hallaba su bigote estilo Cantinflas, apenas unos pelitos a cada lado del labio, ya que estaba convencido de su gran parecido con el notable actor mexicano al que tanto admiraba. El fuerte contraste entre Cantinflas y Delgado Villegas, la ingenuidad del primero frente al oscuro carácter del personaje español, no puede resultar más que escalofriante por lo irónico del caso; nada permitía atisbar lo que ocultaba Delgado Villegas detrás de su inocente bigote.

Otra de sus particularidades era la de ser un gran fumador: hasta sus últimos días llegó a consumir más de tres paquetes de cigarrillos al día y, a decir verdad, esa fue su auténtica condena, la que lo llevó a la tumba; no fueron sus delitos, sus víctimas ni las autoridades carcelarias y judiciales, sino la EPOC (Enfermedad pulmonar obstructiva crónica), la que dio cuenta de sus maltratados pulmones.

Nuevamente en El Puerto de Santa María, se instaló en lo de su padre, apodado «el Arropiero», por lo que a él se lo conocía como «el hijo del Arropiero»; aunque más tarde, dedicado él también a la misma actividad, heredó directamente el mote paterno referido a la elaboración y venta ambulante de arropías —golosinas preparadas con arrope—, un dulce elaborado sobre la base de higos cocidos. Las vendía a la salida del colegio La Salle, al grito de: «¡Arropía de Turquía! / ¡Las llevo largas y retorcías! / ¡Qué ricas y qué buenas, / llevo mis arropías!».

Delgado Villegas había decidido quedarse en El Puerto de Santa María, en la casa de su padre, y trabajar como vendedor ambulante. Sus clientes eran niños y adolescentes, todos estudiantes, quienes le querían y le veían como alguien inofensivo.

Paradójicamente, El Puerto de Santa María, ubicado al sur de la península ibérica, es el único municipio de España y de Europa que en su territorio cuenta con tres cárceles. Como si siempre hubiera sabido que iba a albergar, en un primer momento, al mayor asesino en serie de la historia de España.

Capítulo 2

UN ASESINATO Y
UNA DESAPARICIÓN

El Puerto de Santa María es una hermosa ciudad de pescadores de la provincia de Cádiz, parte de la actual comunidad autónoma de Andalucía, y región en aquel entonces. Se encuentra en la bahía donde desemboca el río Guadalete, antiguamente, gran vía de comunicación entre Jerez y el puerto de Santa María que, con el tiempo, se fue convirtiendo en una atracción turística para solaz de los visitantes. Tanto el río como el puerto perdieron sus funciones originales conforme pasaron los años y devinieron en factores clave para afianzar el perfil de ciudad asentada sobre el río, a pasos del mar.

En la década de 1970, El Puerto de Santa María se caracterizaba por ser un pueblo sencillo, humilde y de gente trabajadora. Un lugar tranquilo donde los visitantes podían perderse en el aroma de las bodegas, el olor a pescado fresco que acababa de llegar al puerto, la arquitectura colonial y las filas de palmeras de sus bulevares, que permitían adivinar la cercanía del mar y del río.

Todo era felicidad y alegría para los portuenses, porque poco a poco empezaban a acostumbrarse a la presencia de veraneantes y extranjeros, que auguraban un futuro venturoso en la medida en que se afirmara como destino turístico. La Feria del Turista que se celebraba cada año era prueba cabal de esos nuevos tiempos.

La peor Navidad

Iba terminando el año 1970. Diciembre trajo el frío y El Puerto de Santa María se empezaba a preparar para la que terminaría resultando la peor Navidad de su historia y el comienzo de un 1971 fatídico: con una diferencia de apenas un mes, se conoció la noticia de la muerte violenta de dos jóvenes. Los 42.000 habitantes de la ciudad habían perdido la tranquilidad.

Fue tal el impacto que causaron los crímenes que la prensa nacional se hizo eco de ellos. Lo que nadie sabía ni podía siquiera intuir era el motivo, ni que eran los últimos de una larga serie de alguien que se haría tristemente célebre de la noche a la mañana.

PAGINAS CENTRALES:

EL CASO

de «Pepe el guapo»

Director: JOSÉ MARIA DE VEGA

ño XX · Núm. 978 · Madrid, 30 de enero de 1971 · Precio: 5 pesetas

L PUERTO DE SANTA MARIA (CADIZ)

ESTRANGULADA
por un maníaco sexual

EN ESTE NUMERO:

GUADALAJARA

TRAGICO FIN DE UN NOVIAZGO IMPOSIBLE

Julián
(24 años)
mató a
María Antonia
(19 años)
Y SE HIZO JUSTICIA EN EL MONTE

Primero hallaron el cuerpo sin vida de Francisco Marín Ramírez, de apenas 24 años, a los pocos días de comenzado diciembre. No había pistas que explicaran lo sucedido. A mediados de enero, la desaparición de Antonia Rodríguez Relinque, más conocida como «la Toñi», de 38 años, puso en alerta a la población y a las autoridades.

El comienzo del fin

Los datos fríos indican que la última vez que se vio con vida a Francisco Marín Ramírez fue el 3 de diciembre de 1970 y, al día siguiente, su familia denunció su desaparición. La Brigada Criminal de El Puerto de Santa María lo buscó afanosamente durante varios días, hasta que el 12 del mismo mes, su cuerpo sin vida apareció flotando en las aguas del río Guadalete. Lo había encontrado un pescador debajo del hoy desaparecido puente San Alejandro.

De la autopsia se encargó un médico militar, quien rápidamente dictaminó que el joven se había ahogado y que había sido un accidente. Sin embargo, la brigada local, con el comisario de policía Salvador Ortega a la cabeza, no se quedó conforme con la versión oficial. Algo no encajaba. Gracias a esa intuición, el facultativo debió admitir que no era forense y que en realidad trabajaba como médico de guardia en la Marina. Todo esto se lo dijeron las autoridades al juez interviniente, quien acordó con la sospecha y ordenó que no se inhumase el cuerpo para hacer una nueva autopsia, reglada y completa. La misma fue llevada a cabo por el médico legal y forense Luis Frontela y en ella se determinó que Francisco no había muerto ahogado, sino por asfixia mecánica, tal vez por estrangulación o sofocación. Como, además, tenía la nuez de Adán destrozada, también se planteó la posibilidad de que se hubiera tratado de un golpe seco, rápido y contundente.

A las autoridades les sorprendió el caso. Los forenses suelen decir que «los cuerpos hablan» y el cadáver de Francisco no dejaba lugar a dudas: la rapidez con que lo habían matado y la pericia para deshacerse del cadáver les hizo comprender que el culpable era alguien que sabía matar, que ya había matado antes y que muy probablemente volvería a hacerlo en cuanto tuviera oportunidad. Y pronto la tuvo...

Francisco era electricista, muy tímido, con una vida social pobre y prácticamente no tenía amigos. Los policías daban por hecho que tenía una vida oculta y pudieron corroborarlo luego de seguir con la investigación. En efecto, el muchacho era homosexual y, si incluso hoy a algunas personas les resulta difícil develar su orientación sexual por temor a ser rechazadas, es sencillo entender por qué este joven era tan discreto y lo ocultaba.

Francisco había conocido a Delgado Villegas el mes anterior, en noviembre, cuando «el Arropiero» deambulaba vendiendo sus golosinas. Francisco se había acercado a comprarle, simpatizaron y se citaron para más tarde. Así comenzó una relación íntima y llegaron a congeniar, algo extraño en Francisco, tan introvertido y poco dado a hacer amigos.

Cuesta entender este acercamiento, en especial si se tiene en cuenta que «el Arropiero» era un hombre limitado intelectualmente, al contrario de Francisco, notoriamente inteligente y preparado. Estudiaba mucho, era muy creativo (había inventado una máquina para bobinar), tenía una gran biblioteca y era lector de Nietzsche. ¿Cómo dos personas tan diferentes habían llegado a ser íntimos amigos? ¿La soledad y la fobia social de Francisco le jugaron una mala pasada, al punto de enrollarse con un muchacho bien parecido que simplemente le prestó atención?

Se cree que la aguda miopía que padecía Francisco había fomentado su tremenda timidez, su aislamiento y su pavor a las mujeres. Justamente, ese carácter retraído y esa vida tan discreta dificultaron la investigación y el conocimiento sobre las circunstancias de su muerte. Todo indica que «el Arropiero» y Francisco habían llegado a intimar y hasta a sentir un afecto mutuo aunque enfermizo,

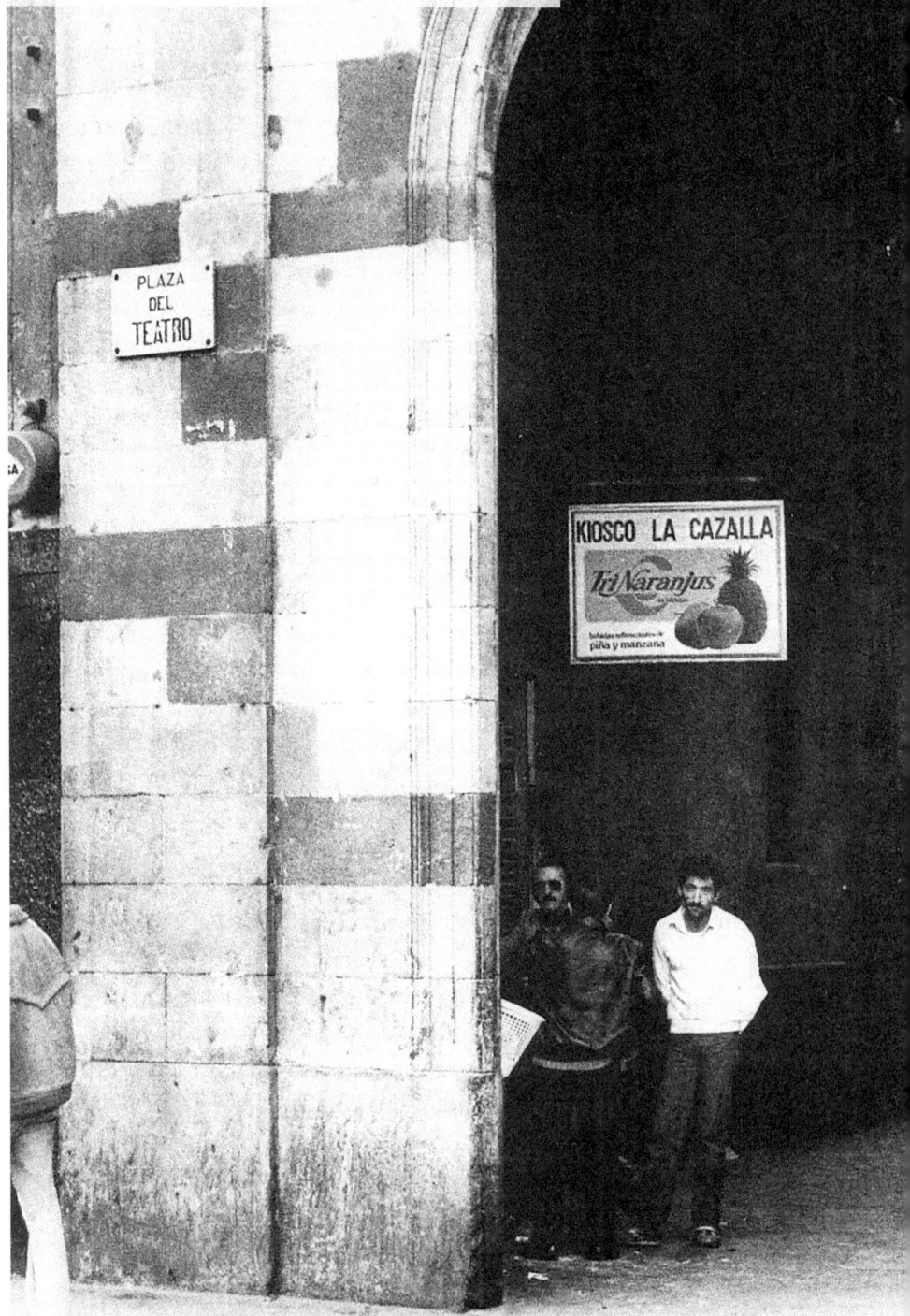

Barrio del Raval o «barrio chino» de la Barcelona de esa época, donde Manuel Delgado Villegas trabajó como «chapero» y también como proxeneta.

dado el carácter violento, primitivo, sádico y dominante de uno, y la sumisión del otro, tan necesitado de afecto y atención.

La noche en que desapareció Francisco, ellos habían acordado una cita. Después se sabría que en principio se desencontraron, pero luego el muchacho halló a Delgado Villegas a bordo de una motocicleta que había robado. Casualmente, en plena investigación, cerca del rodado abandonado habían encontrado las gafas de gruesos cristales que utilizaba Francisco, con una patilla rota. Costaba creer que con su miopía se hubiera alejado del lugar sin buscarlas. Esto llevó a que los policías sospecharan que el muchacho se había enfrentado en una pelea, aunque no tenían pistas de con quién ni por qué. Apenas un mes después, comprobarían que la presunción era correcta.

Su última víctima

En plena investigación por el asesinato de Francisco Marín Ramírez, el 17 de enero de 1971 desapareció también Antonia Rodríguez Relinque, de 38 años, más conocida como «la Toñi». Se decía que era una mujer de pocas luces; en la actualidad se sabe que tenía cierto retraso madurativo. Se podría decir que era como una niña encerrada en el cuerpo de una mujer.

Su familia hizo la denuncia de inmediato y las autoridades policiales comenzaron la búsqueda. Era extraño: primero había sido la muerte violenta de Francisco Marín y ahora, semanas más tarde, la desaparición de esta mujer... Mucha violencia para un tranquilo pueblo de pescadores.

En un primer momento, se pensó que Toñi podía haberse escapado con alguno de los camioneros con quienes solía mantener relaciones sexuales a cambio de algo de dinero. Todos estaban acostumbrados a verla deambulando por las calles, pero esta vez era diferente: no andaba ya con muchos hombres.

Las primeras pesquisas hablaban de uno solo, y los vecinos aseguraban que Antonia estaba de novia con un muchacho desconocido, alguien nuevo en la ciudad. Por entonces, era relativamente sencillo dar con una persona en El Puerto de Santa María; todos se conocían y si había alguien nuevo, llamaba inmediatamente la atención. José Delgado, «el Arropiero», era muy popular y su hijo, Manuel Delgado Villegas, establecido en la ciudad desde hacía pocos meses, ya se había ganado con creces el mote heredado de su padre. Tal vez, ese fue su talón de Aquiles: los vecinos habían identificado al novio de «la Toñi».

Los oficiales de policía hicieron gestiones para dar con ese hombre que inquietaba al entorno de la muchacha, ya que la familia de Antonia estaba preocupada por la relación, aunque ella desoía las advertencias de parientes y allegados que aseguraban que ese hombre, bastante menor que ella, era peligroso.

La muchacha estaba feliz de que él le hubiera elegido como novia y, aunque se comentaba que la maltrataba constantemente, a la mayoría de la gente —fuera de su grupo familiar— le costaba creerlo, nomás verlo con sus clientes de arropías, todos niños y adolescentes que se habían convertido en sus amigos. Sin embargo, la atracción era mutua, porque en los encuentros sexuales Delgado Villegas se ponía violento y a ella le excitaban los malos tratos; pedía golpes, pellizcos y presiones en pleno acto. «Retrasada mental, ¿quién me manda meterme con una idiota como tú?», afirmaban que solía decirle a la pobre Toñi. Lo cierto es que la tarde anterior a su desaparición había salido de su casa «muy endomingada» y dijo que iba a pasear con su novio, Delgado Villegas, «el Arropiero».

Fue lo último que se supo de ella.

La historia del crimen en España estaba a punto de cambiar de una vez y para siempre.

Capítulo 3

¿CANTINFLAS O ASESINO EN SERIE?

ualquier allegado a Antonia Rodríguez Relinque respondía lo mismo: «la Toñi» estaba de novia con un muchacho que hacía unos meses se había instalado en El Puerto de Santa María. Y la última vez que se la había visto, había avisado que iba a encontrarse con él. Por eso, la policía decidió interrogarlo de manera rutinaria, aunque en realidad no tenían mayores motivos para sospechar del joven. Delgado Villegas era un muchacho bien parecido, de claras dificultades para comunicarse, con un bigotito como el de su ídolo, el actor mexicano Cantinflas, que reforzaba su aspecto de chaval sencillo, ingenuo, provinciano. Como había sucedido durante toda su vida, le creyeron algo tonto, incapaz de agredir y mucho menos de matar a alguien.

Pocas veces se puede marcar con tanta certeza cuándo la historia, una historia, está por cambiar para siempre. El interrogatorio a Delgado Villegas fue un momento de esos.

En un punto, puede parecer que la detención del «Arropiero» fue casual, casi fortuita, ya que muchas veces le habían detenido, sobre todo en los años en que estuvo en el extranjero, y en todas esas ocasiones logró superar el escollo, pues nunca se encontraron suficientes pruebas en su contra. Pero algo había cambiado: no el *modus operandi*, sino las víctimas.

Hasta entonces, solo había matado a desconocidos y de manera aleatoria. Varones, mujeres, más jóvenes, más viejos; no había forma de relacionar a las víctimas con su asesino y nadie reparaba en un forastero que ocasionalmente se encontraba en ese sitio. Con algunos de ellos había trabado relación, aunque se había mantenido oculta, pero esto cambió radicalmente cuando Delgado Villegas volvió a la ciudad gaditana. Tanto Francisco como Toñi habían entablado una suerte de relación con él y «el Arropiero» se había dejado ver, especialmente junto a ella, así que se le podía identificar. Por primera vez, Delgado Villegas había quedado expuesto, ya no era invisible; ahora era «el Arropiero», el novio de «la Toñi», el hijo de

José, el otro Arropiero de hacía tantos años. Había bastado apenas un puñado de meses para que Delgado Villegas se convirtiera en un rostro familiar en esa pequeña ciudad, una circunstancia rara para él después de casi diez años de ser una presencia fantasmagórica allí por donde había andado.

Se abre la caja de Pandora

Lo dicho: fue casi como un trámite rutinario, la policía local ubicó y trasladó a Delgado Villegas a la dependencia policial para interrogarle al día siguiente de la desaparición de Toñi. Nadie dudaba de ese muchacho de escasas luces y con dificultad para expresarse; de modo que supusieron que era «subnormal», como se decía entonces, y les pareció imposible que fuera capaz de matar una mosca. Pero tan pronto le liberaron, comenzaron a llegar los testimonios de vecinos que aquella misma tarde le habían visto pegarle a la muchacha, y un policía municipal también les avisó haberle observado «dándole guantazos» a la chica. Ya no parecía tan inocente y el asunto tomaba otro cariz. Un par de días más tarde le volvieron a detener.

Entre los agentes de seguridad se encontraba el comisario de policía Salvador Ortega, inspector de la Brigada Criminal de El Puerto de Santa María; él se convirtió en el engranaje fundamental del caso que estaba a punto de explotar. A poco de empezar, advirtieron que había inconsistencias en el relato, cosas que no cuadraban. Le preguntaron qué había hecho la noche del 17 de enero, la fecha de la desaparición de Antonia Rodríguez Relinque, «la Toñi», y lo primero que hizo fue sacar unos boletos de cine, cortados, correspondientes a ese domingo en que se la había visto por última vez. Explicó que había estado con ella hasta las seis o siete de la tarde, que luego había ido a buscarle nuevamente y que como no la encontró, entró solo al cine Moderno a ver la película. Le preguntaron qué filme en particular y dijo efectivamente el que habían dado aquella noche. Sin embargo, cuando le preguntaron por el argumento, no tenía idea de qué se trataba. «El Arropiero» no contó con que Ortega sí había ido al cine y había visto la película. Entonces el panorama cambió por completo y Delgado Villegas se convirtió en el principal sospechoso de la desaparición de Antonia Rodríguez Relinque, «la Toñi».

Los policías decidieron presionarle sutilmente con la idea de que contara de su vida, porque en realidad ignoraban prácticamente todo sobre él. Al principio negó rotundamente tener conocimiento del paradero de Antonia y de su desaparición. Incluso fue más allá: declaró haberla visto el domingo por la noche pasar en una moto con un desconocido por las cercanías de la Plaza de Toros.

En otro momento simuló un ataque de epilepsia, recurso al que había apelado en otras detenciones, siempre con éxito hasta aquí, en que llamaron a un médico para que le revisara y pronto advirtieron que se trataba de una mera simulación para evadir el interrogatorio.

Poco a poco Delgado Villegas fue entablando una relación con el comisario Ortega. Como en un juego constante de acercamiento y rechazo, «el Arropiero» le llamaba, hablaba un poco, le echaba, le insultaba, le decía que era un criminal, que le estaban haciendo mal y que le tenían encerrado sin necesidad para luego volver a pedir que se acercara a hablar.

A medida que pasaban las horas, era cada vez más evidente que «el Arropiero» ocultaba algo. Mientras tanto, Ortega se comunicó con la Dirección General de Seguridad y así fue como se enteró de los antecedentes de Delgado Villegas: le habían detenido en varias ocasiones por delitos contra la propiedad en Valencia, Barcelona, Madrid, Gerona y Sevilla, además de haber sido arrestado por cruzar la frontera con Francia e Italia de manera ilegal. En la indagación, les sorprendió enterarse de su breve paso por la Legión Española, y fueron informados de sus ataques epilépticos (reales o fingidos, no podían establecerlo fehacientemente) que le habían depositado por breves períodos en hospitales psiquiátricos.

Astuto, Ortega se guardó toda esta información para cuando le hiciera falta, porque intuía que esa sería su carta ganadora cuando llegara el momento de la verdad.

Otro de los inspectores que participaron de la detención, José Antonio Postigo, contaría después que Delgado Villegas les temía a los golpes y que fue precisamente el buen trato dispensado durante la detención lo que le predispuso a abrirse con sus carceleros.

De todos modos, a medida que pasaban las horas, el ánimo del sospechoso desmejoraba y todos en la comisaría coincidieron en decirle que no le veían bien, que era obvio que algo le estaba alterando, que estaba intranquilo, y le alentaban a que hablara, a que se desahogara y soltara eso que tanto le atormentaba. Claro que nunca esperaron que contara un relato tan macabro.

Así es mejor, porque no habla

Acorralado, lo primero que refirió fue una ubicación geográfica, para luego señalar el lugar preciso en el que se hallaba el cadáver de «la Toñi». Los investigadores habían hecho incursiones por los alrededores, incluso con la sospecha de que encontrarían el cuerpo sin vida, pero no habían logrado hallarla. Se trataba de un bosquecillo mínimo ubicado detrás del colegio de los jesuitas de San Luis Gonzaga, a tiro de una sala de fiestas El Oasis. Tiempo después, Ortega reconoció que, sin el testimonio de Delgado Villegas, les hubiera resultado casi imposible dar con los restos de la muchacha. Ahí le hallaron desnuda, estrangulada con sus propios pantis y en bastante buen estado de conservación. El frío del enero invernal había retardado la descomposición.

Anonadados y espantados, los investigadores volvieron a la dependencia policial a hablar en detalle con «el Arropiero». Más tarde se dirigieron con él al lugar de los hechos en un Renault 8 azul, donde les explicó que habían ido allí con Antonia para mantener relaciones sexuales hasta que él se quedó dormido.

Al despertar, pudo ver que «la Toñi» estaba estrangulada con sus medias y no recordaba mucho más. Pero ya para entonces, los sucesos y el relato de Delgado Villegas se modificaban de forma vertiginosa; tras esas primeras declaraciones, de pronto cambió el relato y contó que habían tenido una serie de encuentros sexuales y que en el transcurso de uno la había estrangulado.

Siempre según el relato del «Arropiero», solían tener sexo entre los matorrales con el componente de sadomasoquismo al que estaban acostumbrados, y cuando ella le pidió cambiar el modo, él se fastidió y la mató, porque no quería hacerlo como ella ya lo había hecho con otros hombres. Nada en el cadáver parecía indicar que hubieran reñido o forcejeado. Según él mismo confesó, Antonia había llegado a decirle que le hacía daño la presión de las medias en su cuello, pero nada iba a detener a su amante devenido asesino. Delgado Villegas, que tenía problemas para eyacular, aparentemente, solo lo conseguía cuando se unían ambas pulsiones: la sexual y la criminal.

Considerando lo sucedido, Delgado Villegas se procuró una coartada y por ello se dirigió al cine y cogió del suelo un boleto usado. Antes de la medianoche, ya estaba durmiendo en la casa paterna.

Sin embargo, el relato de horror no había concluido: en tren de confesiones, el detenido también les dijo que después de matarla, cada noche —hasta que le detuvieron— había concurrido al lugar para mantener relaciones sexuales con el cadáver de «la Toñi». Es decir que, además de asesino, era necrófilo. Semejante dato heló la sangre a los investigadores, pero también fue un llamado de atención acerca del tipo de criminal que tenían enfrente. Ante la pregunta de cómo había podido ir hasta allí a tener sexo con un cadáver, «el Arropiero» respondió: «Así es mejor, porque no habla». Y agregó: «Pues claro que volví a hacer el amor con ella, tres días seguidos. Y me tocaba de nuevo, si no hubiera sido por ustedes. ¿No era mi novia? Viva o muerta, era mía. Estaba tan guapa...».

Ya aclarada la situación de Antonia, todavía había un asunto pendiente, la resolución del crimen de Francisco Marín Ramírez, y la intuición les indicaba que «el Arropiero» también tenía que ver con este caso.

Boca abajo y en el fango

Para no dar pasos en falso, los agentes le contaron previamente todo lo que habían averiguado acerca de sus antecedentes, y Delgado Villegas se sintió acorralado. Sus pocas luces le impedían entender que alguien pudiera estar al tanto de todos sus pasos y entonces, cuando le mostraron una foto del infausto Francisco, se quebró; cayeron todas las barreras, todas las simulaciones y «el Arropiero» admitió nuevamente haber cometido un crimen. Los detalles que brindó les permitieron aclarar muchas de las dudas que tenían las autoridades policiales y forenses. Explicó que la tarde de su desaparición iban juntos en una moto cuando Francisco le hizo unas caricias. El muchacho le había besado apasionadamente y estos gestos enojaron a Delgado Villegas. De inmediato, detuvo la marcha y sin más, le asestó un duro golpe de karate en el cuello —su arma predilecta, aunque no la única, como se vería después— llamado el «golpe del legionario», que consiste en aporrear la nuez con el canto de la mano. Según sus propias palabras le dio una «atragantá» (literalmente, "atragantada"), a causa de la rotura del hueso hioides en la laringe, lo que provoca la muerte por asfixia. Con el golpe, las gafas de Francisco salieron volando y así, casi cegado y sin poder respirar, le pidió que le llevara a recuperarse del sofocón junto al río. Ambos atravesaron el puente y se sentaron sobre la muralla, con los pies apoyados sobre un banco de piedra. Allí Francisco volvió a insinuársele y él, enfurecido, volvió a golpearle en el cuello haciéndole caer al fango, donde quedó boca abajo, a la orilla del río. Según su relato, intentó sacarlo, pero como se hundía en el lodazal, se fue y volvió al día siguiente, pero le extrañó que el cuerpo ya no estuviera.

«El Arropiero», en el escenario del crimen
de Francisco Marín Ramírez.

El resto es historia conocida: el cadáver de Francisco apareció flotando nueve días después. Cuando sucedió el crimen, la marea estaba muy baja y horas más tarde, con la pleamar, la corriente arrastró el cuerpo sin vida hasta unos 12 km.

A disposición del juez

Habiendo confesado dos asesinatos, Delgado Villegas pasó a disposición del juez instructor Conrado Gallardo. El magistrado, como antes el personal policial, cumplió con los pasos reglamentarios, y al igual que aquellos, fue sorprendido por el escalofriante testimonio que tendría que escuchar.

Siguiendo el protocolo básico de interrogatorio a un sospechoso, Gallardo le preguntó si, además de a esas dos personas —Francisco Marín Ramírez y Antonia Rodríguez Relinque—, había asesinado a otras. Con gran tranquilidad, «el Arropiero» contestó que sí y a partir de entonces comenzó un relato que se alargó más de tres horas, durante las cuales describió los crímenes cometidos en España, Francia e Italia, que en muchos de los casos incluían violación y necrofilia. Según su cálculo, sumaban alrededor de 22 personas, aunque luego confesaría un total de 48 crímenes (en ese momento, solo 44; los otros cuatro los mencionaría más adelante, en el psiquiátrico penitenciario donde estuvo internado muchos años). Además, comentó, risueño, que le divertía mucho ver películas policiales en las que siempre se revelaba quién era el asesino y que él llevaba añares sin que le atraparan. Incluso, fue más allá: ahora le habían descubierto, porque así lo había querido él, no por mérito de las autoridades.

¿48 crímenes?

En rigor de la verdad, nunca pudo establecerse si fueron 48 crímenes, o una cifra mayor o menor, pero sí se puede afirmar que fue el mayor asesino en serie de la historia española.

No por nada, psiquiatras y criminalistas del mundo entero le han comparado con «Jack el Destripador» y el «Estrangulador de Boston», al punto de que la prensa de la época le bautizó como «El estrangulador del puerto».

En este caso, los profesionales que intervinieron en estas primeras averiguaciones y en la detención del «Arropiero» merecen, sin dudas, un párrafo aparte. En primer lugar, el principal, el comisario Salvador Ortega, quien en sus 33 años de servicio conoció decenas de delincuentes, pero cuya vida profesional quedó marcada por Delgado Villegas. Fue él quien le detuvo e interrogó y quien lideraría la posterior investigación por toda España. Fue clave el vínculo que «el Arropiero» estableció con este hombre y sus colaboradores, porque lograron que les contara su vida, lo que permitió iniciar una pesquisa que sería histórica. Además, Ortega fue la persona capaz de llevar el hilo de la investigación, porque pronto tanto él como el juez Gallardo advirtieron que Delgado Villegas tenía serios problemas de ubicar en tiempo y espacio las situaciones, algo que también aplicaba a sus víctimas. Por caso, él recordaba como veinteañera a una sexagenaria a la que había asesinado. Sin embargo, debido a que tenía una memoria prodigiosa para los detalles, pudieron confirmar su autoría en varios casos, merced a los pormenores que brindó. Gracias al vínculo que generó con el asesino, Ortega pudo ir armando el rompecabezas de los crímenes que había cometido y que más adelante les llevaría por media España en busca de pruebas. Así se pudieron esclarecer homicidios sin resolver hasta entonces, incluso, algunos casos que habían pasado por accidentes.

Se iniciaba, de este modo, una de las investigaciones más importantes en la historia criminal de España.

La siguiente parada sería Madrid, adonde habrían de trasladar a Delgado Villegas, porque el caso excedía la jurisdicción de El Puerto de Santa María.

Capítulo 4

UN VIAJE SURREALISTA

Fueron unas pocas jornadas, pero vertiginosas. Un auténtico antes y después. El domingo 17 de enero de 1971 había desaparecido Antonia Rodríguez Relinque, y el domingo siguiente, 24 de enero, a las siete y treinta de la madrugada, Delgado Villegas era trasladado bajo la escolta de varios oficiales de policía a la Dirección General de Seguridad de Madrid. Terminaba así el largo raid delictivo del «Arropiero», al que los medios dieron en bautizar como «El estrangulador del Puerto». Al día siguiente, el lunes 25 de enero, Delgado Villegas cumpliría tan solo 28 años.

Travesía con un asesino

En apenas una semana, la vida en El Puerto de Santa María había cambiado de una vez y para siempre.

Sus calles habían albergado a un asesino sin parangón, le habían tenido ahí, en sus propias narices, pero nadie le había conocido realmente ni pudo atisbar quién era en realidad.

Que hubieran sido las últimas víctimas del «Arropiero» y que involuntariamente hubieran contribuido a detenerle no era ningún consuelo para las familias de Francisco Marín Ramírez y de Antonia Rodríguez Relinque. Habrían de llorarles por mucho tiempo, ahora que sabían de sus desdichados finales y cuánto habían sufrido ambos.

La historia criminal de España, por otra parte, daba un vuelco en muchos sentidos. Se encontraba, al menos oficialmente, con el mayor asesino en serie de su historia y el primero del siglo xx.

En un principio, hubo algunas dudas sobre quiénes quedarían a cargo del caso una vez aclarados los crímenes del Puerto de Santa María. En condiciones normales, la parte judicial se hubiera circunscripto a Cádiz, pero al estar involucrados otros distritos, fue necesario trasladarse a la capital española para resolver el dilema: cómo investigar y juzgar a la misma persona por delitos similares pero cometidos en diferentes jurisdicciones.

Ya en Madrid, se determinó que el comisario Ortega y el juez Gallardo quedaran a cargo de la investigación en todo el territorio y que viajaran a las diferentes ciudades para confirmar los datos. Quiere decir, entonces, que la investigación de los asesinatos del «Arropiero» inauguraba una forma de trabajo inédita, que consistía en trasladarse por el país para reconstruir la mayor cantidad de crímenes posible. De hecho, no había antecedentes de una travesía de estas características. Así fue como comenzó una odisea de viajes, papeles, jueces, policías, psiquiatras, rejas e internaciones, durante la cual fue escrita una de las páginas fundamentales de la historia del crimen en España. El periplo duró alrededor de dos años y medio, iniciándose la pesquisa justo ahí, porque uno de los homicidios había sido en las cercanías de Madrid, en Chinchón, y luego siguieron por Barcelona, Mataró, El Garraf e Ibiza, entre otras ciudades. Fue un viaje tan largo como macabro, pero necesario para corroborar los crímenes cometidos por «el Arropiero».

En el recorrido por el país en busca de datos sobre los crímenes, además del mencionado Ortega, piedra fundamental en este caso, también se sumaron otros investigadores portuenses, Manuel Alcalá y Domingo San Roca. Como ellos mismos dijeron, partieron con una maleta llena de sumarios abiertos por resolver y vía libre para llevarse al criminal con ellos buscando pistas de los asesinatos cometidos.

Un dato insólito que no trascendió en el fárrago de detalles que surgían a cada paso de la pesquisa es que, dado el escaso sueldo que percibían tanto Ortega como el juez Gallardo, les resultaba muy difícil costear los gastos que les insumió la recorrida por media España, al punto de que ambos se vieron obligados a pedir sendos créditos para poder continuar con la investigación.

Un elemento importante que saltó a la vista y que convenció a las autoridades nacionales de profundizar en el caso fue el acierto del enfoque de Ortega en la aproximación al reo: le había adulado, le había hecho sentir cómodo y había sabido sacar provecho de la vanidad del asesino. Delgado Villegas, al que nadie prestaba atención más que para apartarle o insultarle, había sido el foco de atención de esa comisaría en El Puerto de Santa María. De ese modo, dado que la relación entre el detenido y el inspector había dado tantos buenos resultados, lo más sensato era, tal como se decidió, que Ortega y sus colaboradores recorrieran los lugares donde se creía que se habían producido los asesinatos para reconstruirlos junto con el acusado. Además, se facilitaron las diligencias judiciales al nombrar a Gallardo como juez especial, justamente por el hecho de que los homicidios se habían cometido en diferentes jurisdicciones.

El comisario Ortega se convertiría desde entonces en una nueva persona. Integró la policía por más de 30 años, durante los cuales trabajó en infinidad de casos y con todo tipo de delincuentes, pero su vida profesional quedó signada por aquella investigación sobre la cual él mismo opinaba que fue un proceso fuera de serie, de esos que cualquier policía quiere cruzarse y que solo se ven en las novelas o en las películas. En efecto, un detalle que hacía de esta investigación algo casi cinematográfico era su vínculo con «el Arropiero», situación que permitió que el asesino contara uno a uno todos los asesinatos que había cometido, incluso ufanándose de ellos, como cuando en una oportunidad, mientras era trasladado en un patrullero, escuchó en la radio del coche que en México habían detenido a un hombre acusado de más de 50 homicidios convirtiéndose en el mayor asesino en serie del mundo. Uno de los policías le toreó, diciéndole: «Arropiero, ese te ha ganado de largo», a lo que Delgado Villegas le respondió: «Denme 24 horas y les aseguro que un miserable mexicano no será mejor asesino que un español».

A diferencia de lo que ocurre en la actualidad respecto al maltrato y la tortura como técnica policial para obtener declaraciones, en aquel entonces era legal utilizar esos métodos;

sin embargo, Ortega, advirtiendo que al reo le molestaba que le tomaran por tonto y que tenía terror al maltrato físico, dio la orden de que no se empleara la más mínima violencia con el detenido. Todo lo contrario, alimentó su ego, le hizo sentir importante y fue un acierto: «el Arropiero» confesó todo. Puede pensarse que al asesino se le tenían muchas consideraciones, pero fue la manera —a la postre, exitosa— que encontraron los investigadores para contar con la colaboración del homicida. No está de más decir que se trató de una amistad «interesada» por parte de las autoridades asignadas al caso, ya que jamás establecieron vínculo afectivo alguno: se trataba de una estrategia para predisponer al criminal a explayarse sobre sus asesinatos con el fin de obtener la mayor cantidad de información.

Esta relación estrecha le permitió a Ortega elaborar un perfil psicopático durante los años que duró la investigación y reconstrucción de los crímenes: Delgado Villegas era una persona dominada por un sentimiento de inferioridad, cuyos hechos de violencia eran desatados por una mezcla de impulsos sexuales desenfrenados, furia al sentirse menoscabado por su retraso mental y una percepción de la realidad absolutamente trastocada. Se vanagloriaba de toda la gente que se había «cargado».

Entre muchos detalles que hicieron tan particular este caso, respecto a esa extraña amistad entre el inculpado y sus captores, el propio Ortega ha llegado a contar en alguna de las innumerables entrevistas que le han realizado que, como no le llevaban esposado, temían que tal vez les pudiera agredir. De hecho, algunos criticaban que le dieran al reo cubiertos de metal para comer, aunque lo hacían en parte como señal de confianza. Inclusive, el propio Delgado Villegas le preguntó en una ocasión, con una sonrisa sardónica, si no temía que les atacara, pero Ortega le mostró que en la silla que estaba a su lado se encontraba su pistola y le dijo: «Antes que tú levantes la mano, yo te pego dos tiros en la cabeza, así que tranquilito». No obstante, era verdad que corrían peligro: Delgado Villegas iba suelto en la camioneta, codo a codo con los investigadores, quienes estaban pendientes de sus reacciones, que podían ser muy violentas. En definitiva, se trataba de un hombre fuerte, un sujeto que había aprendido defensa personal en la Legión Española y que sabía dar un golpe mortal en un punto vital, además de ser sumamente hábil para escabullirse. No por nada fueron averiguando con el tiempo que había pasado no por uno, sino por varios pasos de frontera de manera clandestina, al punto de llegar a París, la Costa Azul y hasta a Roma.

Así se terminó formando una comunión de personas con diferentes puntos de vista que, de todos modos, supo adaptarse a Delgado Villegas, aunque en algunas cosas, Ortega fue terminante; por ejemplo, con el alcohol. Estaba completamente prohibido su consumo. El inspector lo definía como una lucha de posiciones: «Tú eres más que yo, pero no te dejo que lo seas. O tú eres menos que yo y voy a demostrarte que estoy por encima tuyo».

En tren de confesiones

Así comenzó la investigación más importante en la vida profesional de Salvador Ortega y de Conrado Gallardo. ¡Fueron tantos los crímenes que confesó y tan diversos! Es probable que haya sido la primera vez en la vida de Delgado Villegas que alguien le prestara atención, y por eso, sintiéndose escuchado, se avino a contarlo todo. En una suerte de revancha, el relato detallado y minucioso del reo dejaba al desnudo a la sociedad toda, que por un lado le había maltratado y por el otro, le había abandonado sin prestarle atención, al punto de no haber advertido el peligro que encarnaba.

En buena parte de los casos, el detenido no parecía ser consciente de sus acciones; según su testimonio, siempre se le habían ido las cosas de la mano. En algunas oportunidades, el argumento era que se había relacionado con alguien que le había hecho una propuesta indecente, que luego él se había «cabreado» y había acabado por golpearle, etc., cuando en rigor de la verdad le había matado. Daba la impresión de que no terminaba de comprender el alcance de sus acciones, o que su afiebrada mente se justificaba a sí misma de esa manera.

Si bien sus confesiones eran sumamente valiosas, al principio el mismo Ortega desconfiaba de la veracidad del relato. Así, tras la primera declaración ante el juez Gallardo afirmando que había asesinado a más personas que a las dos por las cuales lo habían detenido, llamaron inmediatamente a Mataró para confirmar o descartar los dichos de uno de los crímenes confesados que, supuestamente, había cometido en esa ciudad. De alguna manera, esa pesquisa sirvió como caso testigo, ya que tuvieron la suerte de dar con el inspector que en aquella época era el jefe de la Brigada Regional y que había participado en la investigación respectiva sin resultado alguno. Con él constataron que la historia era verídica y correspondía a un caso sin resolver. Cuando más adelante viajaron a Mataró para la reconstrucción, se presentó una situación que se repetiría en otras jurisdicciones: las autoridades que habían participado de la investigación original revivían el caso y podían llenar los huecos de casos inconclusos. En algún momento se pensó que «el Arropiero» podría haber inventado todo a partir de las noticias del momento, pero había dos datos a considerar: por un lado, el asesino no sabía leer ni escribir y por otro, daba detalles que no habían trascendido y solo eran conocidos por los profesionales intervinientes en la autopsia, además de los investigadores policiales. Más de una vez pensaron que presumía de matón, como suele ocurrir con malhechores que lo único que buscan es notoriedad pública, pero finalmente se confirmó que no era así. Delgado Villegas se creía más que el resto, al punto de decirles a los oficiales: «Yo no soy cualquiera, soy alguien importante». En efecto, ansiaba ser el asesino con más muertes en su haber.

Aquel de Mataró fue uno de los crímenes que la policía pudo investigar hasta tener la certeza absoluta de su autoría, pero prácticamente en todos los casos la confesión debía reinterpretarse o rearmarse, como una suerte de rompecabezas, con los datos que daba el asesino y los que figuraban en la investigación del crimen. Lo mismo se repitió en las otras ciudades, como Barcelona, Ibiza, Garraf o Madrid. A medida que avanzaba la exploración, los investigadores debieron aprender a separar la realidad de la ficción.

Un vínculo impensado

Pronto fue quedando claro que no podían llevar esposado al «Arropiero» a ningún sitio. Si le colocaban las esposas, se rompía el vínculo que habían entablado con Delgado Villegas. Jamás intentó escaparse y casi se diría que disfrutó del viaje, ya que de algún modo fue lo más parecido a unas vacaciones que había tenido nunca, a bordo de la amplia camioneta Mercury y contando sus andanzas. Por lo general, conducían un sargento de la policía armada y Ortega. Atrás iban Alcalá y San Roca, y entre ellos, el acusado, más otros dos policías armados.

Además de la ausencia de esposas, tampoco se le ponía en un calabozo o se le daban bocadillos para comer: había que llevarle comida de los restaurantes cercanos y sentarse a la mesa todos juntos.

Otro asunto al que había que prestar especial atención era a los cigarrillos, dos o tres paquetes diarios y hasta cuatro, que había que comprar sin mayor demora. Para asegurarse su colaboración, los agentes se reían de todas y cada una de sus gracias, por muy macabras que fueran. Hasta le llevaron a un parque de diversiones, porque «Manolito» —así lo llamaban— había insistido en que nunca había ido a uno.

Sin embargo, aquella forzada convivencia fue difícil para los investigadores: pasaban de sentir pena por la dura infancia y adolescencia de Delgado Villegas, a experimentar repugnancia frente a los detalles macabros que surgían en las reconstrucciones.

Las anécdotas del peculiar viaje son muchas e insólitas. Si bien la convivencia era bastante armónica, de tanto en tanto, el reo estallaba en episodios de ira descontrolada como señaló el propio Ortega. Como cuando habían estado en Ibiza y un juez le obsequió al «Arropiero» unas botas de cuero de caña alta, además de unos vaqueros. Lo llevaba todo puesto cuando le metieron en una celda de la comisaría de Barcelona y luego se retiraron. Al parecer, Delgado Villegas le pidió un cigarrillo al guardia entrante, pero este se lo negó y le insultó: «Un cigarro te voy a dar, hijo de puta. Asesino de mierda». Horas después, le encontraron desnudo, incontrolable. Había destrozado el pantalón y las botas; el trozo más pequeño era apenas del tamaño de una moneda, incluidas la suela y el tacón. Llamativamente, había realizado tal desastre solo con sus manos, sus dientes y su ira.

No solo se jactaba de los delitos ejecutados, sino también de los que había estado a punto de cometer, como el de una mujer que era tan gorda que no podía abrazarla, y que por eso la había asesinado. Presumía de ser muy «hombre», incluso relatando sus numerosos encuentros sexuales con varones y «degenerados», a los que terminaba matando porque «ofendían su hombría».

En cada reconstrucción, los investigadores se topaban con la parte más oscura del asesino. Cada vez que se presentaban en el lugar de los hechos, «el Arropiero» se transformaba. Su rostro cambiaba y empezaba a relatar lo sucedido casi como si hubiera sido testigo de estos y no su ejecutor. Su memoria fotográfica le permitía revivir de manera detallada cada momento y esto incluía la excitación que había experimentado oportunamente. Cada vez quedaba más claro que no le estimulaba el sexo, sino la violencia ejercida contra otra persona y, en un par de casos, la relación carnal posterior con el cadáver.

Empieza a correrse el velo...

Buena parte de los crímenes del «Arropiero» habían sucedido en tierra española, muy distantes uno del otro, pero siempre dentro del país. Sin embargo, a medida que la investigación avanzaba, en gran medida por los dichos del criminal y después por los pedidos de informes a partir de los datos que brindaba, se fueron enterando de sus salidas de España, más concretamente a Francia y a Italia. Hasta la actualidad cuesta creer que una persona sin instrucción y de escasas luces, haya podido evadir controles y cruzar fronteras alegremente. Al respecto, el psiquiatra forense Xavier Bernal lo explica de la siguiente manera: «Su inteligencia práctica, producto de la necesidad, podía ser muy superior a la de cualquiera de nosotros». Por lo tanto, burlar fronteras no le resultaba tan complicado. El inspector Ortega destacaba la capacidad del «Arropiero» para idear coartadas, como por ejemplo la de los boletos de cine en El Puerto de Santa María tras asesinar a Antonia Rodríguez Relinque, «la Toñi».

En Francia, adonde huyó tras cometer un asesinato en Barcelona, logró obtener un certificado de la embajada española en París, con el cual acreditaba que llevaba meses buscando trabajo en la capital francesa, cuando en realidad había llegado hacía pocas horas.

Era lógico que Delgado Villegas hubiera podido trasladarse por toda España sin dejar rastro de sus movimientos e, incluso, de sus eventuales detenciones. Hay que situarse en cómo eran las comunicaciones y el archivo de datos en la década de 1970, a diferencia de la actualidad, en que la información está digitalizada y se encuentra *online*.

Cuando el grupo de investigadores llegó a Madrid desde El Puerto de Santa María, poco a poco comenzaron a aparecer antecedentes. En el expediente de Delgado Villegas había registro de delitos menores, tales como hurtos y pasajes por la frontera de manera ilegal, básicamente, desde Barcelona a ciudades del sur de Francia, como Perpiñán y Ceret. Lo que las autoridades españolas desconocían es que al menos en tres ocasiones había sido detenido en el país limítrofe, precisamente, por ingresar de manera ilegal. Más aún: en uno de esos arrestos se le retuvo en Narbona durante una semana acusado de asesinato, pero ante la falta de evidencias debieron dejarle en libertad.

De vuelta en España, en varias oportunidades había sido detenido en virtud de la hoy desaparecida «Ley de Vagos y Maleantes», también conocida como «la gandula». Sancionada en 1933 y después reemplazada en 1970 por la «Ley sobre peligrosidad y rehabilitación social», fue finalmente derogada en 1995. Durante el franquismo, la ley original fue modificada para anexar a los homosexuales a la lista de perseguidos. Como es de esperar, se cometieron innumerables injusticias, porque, así como en su nombre se demoraba a proxenetas, también servía para perseguir a todo el que no tuviera domicilio fijo, empleo o sustento.

Igualmente, como sucedería hasta el último día de su vida, Delgado Villegas logró evadir la cárcel, aunque estuvo recluido en varios hospitales psiquiátricos. Quizás por sus escasas luces, pero también por su capacidad de supervivencia y su histrionismo, ya que era capaz de apelar a convincentes episodios convulsivos. En efecto, un año antes de volver a El Puerto de Santa María, en octubre de 1969, había estado internado en el Hospital Psiquiátrico de Salt, en Girona, durante algo más de un mes. De acuerdo con el testimonio de Andrés Benítez, un psiquiatra que por entonces trabajaba en la entidad, «el Arropiero» había sido «polidiagnosticado» de trastorno social de la personalidad, esquizofrenia paranoide y epilepsia, a lo que se agregaba una condición adquirida: el alcoholismo. Según el mismo profesional, durante el tiempo que estuvo internado allí, le mantuvieron sedado para que no creara problemas, aunque se le permitía salir a la calle. Se le trató con neurolépticos, cuyos efectos, entre otros, incluyen la inhibición del deseo sexual, ya que llegó a perpetrar episodios sumamente agresivos en los hospicios penitenciarios donde fue alojado. Contribuía a esto que, cuando salía a la calle bebía hasta emborracharse y al volver, presentaba un comportamiento extremadamente violento. Además de la medicación, se le solía inmovilizar atándolo a la cama con cadenas, método extremo desde nuestra perspectiva actual pero usual en los tratamientos de aquellos años.

Un comisario que no olvida

Muchos años después, en un reportaje, un periodista le preguntó al por entonces ya retirado inspector Salvador Ortega si el caso le había afectado. Contestó que sí, en efecto, la convivencia con aquel asesino había marcado para siempre su vida, aun pasados tantos años.

«De vez en cuando me despierto nervioso» —declaró el policía— «Sueño que está a mi lado. Otras veces creo que sigo con él por ahí, de viaje. Me pongo a darle vueltas al asunto y me pregunto por qué no nos dejaron terminar la investigación. Supongo que tuvo que ver con que se decretara su ingreso en un psiquiátrico. Pero me sigo preguntando de dónde vino la orden de que paráramos cuando llevábamos cerrados ocho casos y ya habíamos confirmado su participación en 22 crímenes. Y entonces es difícil que vuelva a coger el sueño. Han pasado más de 40 años y aquello todavía me desvela».

Capítulo 5

RECREACIÓN DE LOS CRÍMENES

Delgado Villegas había confesado 42 crímenes, más los dos cometidos en El Puerto de Santa María. Años después, revelaría a su abogado cuatro más, lo que hace un total de 48 asesinatos. De ellos se investigaron 22 y se probaron ocho (de los que tenemos la descripción de siete); sin embargo, lo que también se confirmó fue su inimputabilidad, por lo que no fue juzgado sino internado en un hospital psiquiátrico carcelario, situación que se extendería por más de 20 años.

En rigor de verdad, es imposible precisar cuántos asesinatos cometió realmente «el Arropiero», ni cuál fue su itinerario mientras vagabundeó por España, Francia e Italia. Porque había andado por todas partes: Cataluña, Madrid, Ibiza, Andalucía, la Costa Azul, Roma... Demasiados sitios y demasiadas tentaciones para un asesino en serie... Fue un período de siete años en el que confesó haber cometido casi medio centenar de crímenes amparado en la impunidad de asesinar a desconocidos sin móvil aparente.

Salvador Ortega explicaba que para el común de los mortales resulta imposible entender por qué el asesino había llevado a cabo «esa colección de crímenes». Pero no hay que darle muchas vueltas, dijo Ortega: «Simplemente, cuando sentía un estímulo violento, lo cumplía. Y le gustaba. Se lo pasaba fenomenal. Disfrutaba matando. Le producía placer. Por eso no concebía la idea de límite».

El «Arropiero» era, probablemente, lo que los especialistas en criminalística denominarían un «asesino en serie desorganizado», ya que no planificaba sus crímenes —de hecho, fueron todos casuales y diferían notablemente unos de otros—. Asesinó a varones y mujeres, jóvenes y mayores, en contextos diversos y con métodos variados; aunque en todos prevalecieron la brutalidad y la crueldad, como quedó claro en la reconstrucción de cinco de sus asesinatos.

Enero de 1964, Garraf, Barcelona

Adolfo Folch Muntaner tenía 49 años y trabajaba como cocinero en el hotel Recasens de Barcelona. El martes 21 de enero de 1964 disfrutaba de su día libre en Garraf. Se había armado un plan y lo iba a cumplir: iría a la playa a juntar una bolsa de esa arena que tanto les gustaba a su esposa y su suegra para fregar los platos y, de paso, podría disfrutar del sol, todo un lujo en pleno invierno. Una vez allí, leyó un rato el periódico, se recostó y descabezó un pequeño sueño.

Jamás despertó

A principios de la década de 1960, Garraf era una pintoresca localidad costera del término municipal de Sitges. Por esa época, Delgado Villegas andaba por ahí, sin rumbo fijo, mendigando y robando en las casas de campo. Esa jornada se había bajado de un tren y estuvo paseando por el lugar. Luego se dirigió hacia donde estaba descansando Adolfo, apoyado en el espigón, asoléandose sin apuro alguno y disfrutando de la paz de la playa de Llorach en pleno invierno. En verano el lugar era sumamente concurrido, pero en el frío enero se hallaba lo suficientemente desierto como para que alguien cometiera un crimen a plena luz del día sin que nadie hubiera visto nada. Demasiado fácil, demasiado accesible para un asesino como Delgado Villegas, quien estaba a días de cumplir 21 años y se especializaba en pasar inadvertido y escabullirse sin dejar huella. Así, sin más, lo abordó por detrás y le golpeó la cabeza con una piedra destrozándole el cráneo. En pocos minutos le robó el reloj y el monedero con lo poco que tenía dentro junto con la documentación, lo que dificultaría la posterior identificación de la víctima. A continuación, arrastró el cuerpo hasta un lugar abandonado, le cubrió con su propio abrigo y pegó la vuelta. Varias horas después, el cadáver de Folch fue hallado por unos niños, quienes pensaron que se trataba de un borracho que se había quedado dormido y se tapaba con la gabardina. Estaba apoyado en el bajo paredón de piedra que lindaba con el merendero Can Quim, cerrado en esa época del año. Al principio los pequeños tuvieron algunas precauciones, porque sabían que a los mayores les molesta el griterío infantil cuando están descansando. Pero pasado un tiempo, les pareció extraño que el hombre no se hubiera movido para nada. Enseguida se acercaron hasta el hotel Quim para contarle al propietario. Una vez frente al cuerpo, el hombre lo tocó con un zapato y este contacto hizo que la cabeza de Folch se inclinara. Llegado a este punto, el hotelero enseguida reparó en que algo raro estaba ocurriendo. No tocaron nada, y tanto este hombre como los pequeños se retiraron para darle aviso al capitán de la Guardia Civil de Sitges, en ese momento de servicio en Garraf.

De vuelta en el lugar, la autoridad levantó el abrigo y al instante notó no solo que el hombre estaba muerto, sino que había sido asesinado: tenía la ropa empapada en sangre por las heridas y claramente no se trataba de un suicidio ni había forma de hacerse esas heridas de manera accidental. Era un crimen, pero no cualquiera, sino un crimen perfecto e impune, hasta que el mismo asesino colaboró en su reconstrucción, hecho que sucedería recién siete años más tarde.

¿Por dónde empezar, entonces? La víctima era una persona desconocida que no vivía en Garraf, y el criminal había perpetrado su crimen sin testigos y sin dejar la más mínima huella. La policía solo contaba con el hecho de que el cocinero había sido asesinado. Nada más. Enseguida se dio parte al juez de paz de Sitges y se puso en autos al juez de instrucción de Vilanova y la Geltrú. La autopsia determinó la existencia de dos heridas provocadas por golpes, con fractura de la base del cráneo y la bóveda craneana. Había signos de hematomas y hemorragias, así como pérdida de masa encefálica. Suficiente para una muerte violenta y rápida. No había lugar a dudas: era un homicidio.

La escena del crimen les permitía deducir que había estado leyendo el periódico de la mañana, porque allí estaba, y el cadáver tenía las gafas puestas, intactas. El enorme hematoma que tenía en uno de sus ojos era consecuencia de la hemorragia interna por el golpe. La expresión del cocinero, por otra parte, era serena; nada denotaba que hubiera visto a su asesino y mucho menos, que hubiera intentado defenderse; no había rastros de lucha. Todo indicaba que el móvil había sido el robo, aunque bastante escaso. Le faltaban la cartera y los documentos, pero en un bolsillo conservaba un monedero con 325 pesetas y en otro, una quiniela con 12 aciertos lista para cobrar. Tampoco se había llevado el anillo de oro de uno de sus dedos. Y un dato fundamental: conservaba el boleto del ferrocarril comprado esa mañana en la estación de Sants, además de varias llaves. Y a su lado, la deseada bolsa de arena. De acuerdo con el boleto, Folch había abordado el tren de las 9.10 de la mañana en Barcelona, por lo que tendría que haber llegado cerca de las 10 a Garraf. Alrededor de las 14 había sido visto por un guardavía, en camino hacia la estación, quien había advertido la presencia de alguien durmiendo en la playa. Todo indicaba que se trataba de un asesino diestro, capaz de matar a plena luz del día y sin ser visto.

Mientras esto ocurría, la familia de Adolfo Folch Muntaner —su mujer y dos hijos— era presa de la inquietud en su casa de la Ciudad Condal, en Floridablanca 108, porque pasaban las horas y el padre de familia no retornaba al hogar. Nadie entendía por qué no había ido a buscar a su hijo más pequeño a la salida de la escuela, cuando le había dejado ahí a la mañana, antes de ir a tomar el tren, y estaba previsto que le retirara a la vuelta. ¿Qué podría haberle pasado? Era un hombre trabajador y honorable, de buenas costumbres, cumplidor... Cualquiera podía entender el desasosiego de su esposa y su hija, la mayor, de 18 años.

Desesperados, ganaron la calle y empezaron a deambular por los lugares donde les pudieran brindar información: policía, hospitales, hasta que a la hija se le ocurrió llamar a Garraf que, en definitiva, era adonde se había dirigido esa mañana. Allí las anoticiaron de que un cadáver había sido encontrado en la playa a media tarde. Una vez que dieron las señas particulares de Folch y al ver que coincidían con las del occiso, las autoridades de Garraf les sugirieron que se acercaran. En compañía del cuñado del cocinero, madre e hija tomaron un taxi y al llegar aceptaron la sugerencia de esperar en el coche, mientras él bajaba a presentarse. En el fondo de su alma tenía la certeza de que ahí se iba a encontrar con su malogrado cuñado y les quería evitar el mal momento de tener que reconocer el cuerpo, como efectivamente sucedió. De todos modos, para aliviarles el dolor, en ese primer momento les dijeron que Folch había muerto de un colapso.

El caso era un misterio: la víctima era un buen hombre, sin enemigos. Difícil encontrar respuestas por ahí. También costaba creer que el móvil fuera el robo, dado lo escaso del botín y, más que nada, por lo que le había dejado encima. Una de las alternativas que manejaron fue que le hubieran confundido con otra persona y, advertido el asesino del error, hubiera querido simular un robo. Unos días después encontraron, cerca de la escena del crimen y anclada en la playa, una bolsa con unos trapos manchados de sangre y una piedra con restos de sangre, piel y cabello. Los análisis forenses posteriores confirmaron que eran restos de la víctima y la piedra, el arma mortal. También hallaron los documentos en uno de los túneles del tren.

A esta altura, apareció un detalle que habría sido de color si no fuese trágico, pero que lamentablemente es común en hechos criminales de esta índole: un muchacho se presentó ante la policía de Murcia para confesar la autoría del crimen del hombre de la playa de Llorach. Le detuvieron, le pusieron a disposición del juez y le trasladaron a la escena del crimen. En cuanto le pidieron precisiones, empezó a contradecirse y quedó en evidencia que era inocente. Solo buscaba notoriedad, y lo único que consiguió fue ser derivado a una consulta psiquiátrica. La realidad es que habrían de pasar siete años para encontrar las respuestas a tantas preguntas.

Es cierto que la verdad alivia y que la familia de Folch había asistido pasmada al abismo de la insensatez de una muerte sin sentido. No había forma de explicar qué había sucedido ni por qué. Y cuando años después se enteró de los detalles del crimen, el desconsuelo fue incluso mayor: que un botín tan magro se hubiese cobrado la vida de Folch era demasiado absurdo. Como dijo el propio asesino: «Todo por un poco de dinero, muy poco, y un reloj de níquel por el que apenas saqué unas pesetas».

Durante la reconstrucción, el asesino se fabricó más de una historia para justificar su accionar. Primero dijo que el cocinero era un homosexual que le había acosado y molestado, después aseguró que le pareció que era un vago y decidió matarle para evitarle más sufrimientos. Pero pronto quedó la verdad al descubierto, y dijo que le había matado simplemente porque quería robarle. Probó que era realmente el asesino, cuando señaló que, en la cartera de la víctima, entre otras cosas, había una foto de una señora con gafas y una niña, que efectivamente resultaron ser la esposa y la hija del infortunado cocinero.

El «Arropiero» explicó, además, que se había aproximado a Folch silenciosamente y desde encima del muro de ladrillo, que estiró el brazo y que le dio con fuerza en la cabeza con la piedra. La muerte fue instantánea. Aunque habían pasado varios años, Delgado Villegas reconoció la piedra ensangrentada con la que le había matado y que se había encontrado días después del crimen.

Algo que notaron los investigadores durante el viaje de investigación y reconstrucción de las escenas de los hechos fue que, en la medida en que «el Arropiero» confraternizaba con ellos, también fabulaba notablemente antes de contar la verdad, como si por primera vez en su vida advirtiera los alcances de su conducta y quisiera parecer menos monstruoso.

Si el de Antonia Rodríguez Relinque había sido su último crimen, el de Adolfo Folch Muntaner habría de pasar a la historia como el documentado inicialmente, la primera muerte en el elevado récord asesino de Delgado Villegas.

Junio de 1967, Ibiza, Islas Baleares

La inolvidable década de 1960 ya cursaba su segunda mitad y la juventud del mundo entero estaba en plena revolución. Ibiza era uno de los centros de diversión y glamur más famosos del mundo, y congregaba extranjeros de todas partes. La isla mediterránea era sinónimo de fiesta, diversión o dicho en los términos de la época, «sexo, drogas y rock and roll». Allí llegó Margaret Hélène Thelese Boudrie, una joven estudiante francesa de apenas 21 años, amante de la pintura y fan de los beatniks, que eran furor en Ibiza. Dicen que nadie muere en la víspera, pero algunos lo hacen demasiado jóvenes.

La noche del 21 de junio de 1967, Margaret había estado de fiesta en Lola's con el norteamericano Jules Morton, donde habían consumido LSD. Avanzada la noche, decidieron continuar su encuentro a solas, con más drogas y para eso se trasladaron a cinco km de la capital ibicenca, a Can Planes, en Sant Jordi, a una casa que él conocía y sabía que estaba desocupada porque su dueña se había ido de viaje. Desataron una cuerda del pozo y la utilizaron para descender por un tragaluz. Una vez adentro, se acomodaron en uno de los dormitorios, fumaron marihuana y siguieron pasándola bien hasta quedarse dormidos. Ya de madrugada, Jules se despertó porque le pareció escuchar ruidos en el exterior de la vivienda y, al ver lo tarde que se había hecho, decidió volver a su piso: después de todo, era un hombre casado.

Así que abandonó el sitio, pero cometió el error de dejar la puerta abierta, justo lo que necesitaba Delgado Villegas, que estaba al acecho para entrar.

Por entonces, «el Arropiero» era un vagabundo que merodeaba por el lugar, buscando viviendas de fácil acceso que robar. En la medida en que lograba hacerse de algún dinero, se paseaba por la zona del puerto con bares y clubes nocturnos donde las drogas y el alcohol eran moneda corriente. Esa noche andaba en busca de alguna casa para atracar y, en este caso, se había asomado a la ventana por donde había visto a la pareja. De hecho, el ruido que había despertado al norteamericano lo había provocado él involuntariamente. Viendo que la casa estaba habitada, decidió seguir su camino, cuando de pronto vio que el hombre se retiraba sin su acompañante y dejaba la puerta abierta. Era la oportunidad que esperaba. Así lo hizo, fue hasta el dormitorio en donde halló a la desafortunada Margaret dormida, pero la despertó de inmediato para tener sexo con ella. La joven se defendía a duras penas, todavía somnolienta tras una noche de juerga.

En este punto, el relato y el recuerdo del homicida son confusos, al punto de que no se pudo saber si la violó antes o después de asesinarla, o ambas cosas. Sí quedó probado que, contrariado por la lucha feroz de la muchacha, «el Arropiero» la golpeó con dureza en la cara y la asfixió con una almohada. Una vez cometido el crimen, la lastimó con una navaja por toda la espalda y luego se retiró llevándose un botín interesante: 8.000 pesetas, una cadena de oro y varios billetes de 100 francos. Finalmente, se fue de la casa y también de Ibiza.

El inspector Ortega confesó que nunca lograron dilucidar cómo hizo Delgado Villegas para llegar e irse de la isla, sin embargo, como ya se ha dicho, el asesino era un experto en desaparecer. Especulaciones mediante, todo indica que llegó y volvió en barco, ya que era imposible que lo hubiera hecho en avión dado sus escasos recursos económicos.

En Ibiza, sin embargo, aquella noche estaba lejos de terminar. En cuanto llegó a su casa, Jules Morton se dio cuenta de que se había olvidado el pasaporte en la cabaña de Can Planes.

«El Arropiero» muestra a Salvador Ortega, investigador principal del caso, cómo aplicaba el «golpe del legionario» a sus víctimas. Se trata de un golpe de karate realizado con la palma sobre el hueso hioides o nuez.

Lo que no esperaba al regresar era encontrarse con el cadáver de la joven francesa sobre la cama. Se desesperó y huyó.

Al día siguiente, una vecina avisó a la policía que la noche anterior se habían escuchado ruidos y quejidos y que había visto a un hombre rubio irse de la casa por la madrugada. Cuando las autoridades se apersonaron en el lugar, hallaron el cuerpo de la muchacha totalmente desnudo, con un fuerte golpe en el ojo, arañazos en el cuello, además de múltiples puñaladas superficiales en la espalda. Días más tarde llegaría la dueña de la casa y habría de encontrarse con el penoso hecho, que además la vinculaba indirectamente. Los investigadores vieron la claraboya abierta y dedujeron que la joven había estado acompañada de su asesino.

Este caso tuvo un desarrollo diferente a los otros homicidios de Delgado Villegas, porque las sospechas recayeron en Jules Morton, de 30 años, quien pasó un año preso injustamente. Era estudiante de Medicina y estaba próximo a recibirse. Cometió varios errores. El primero e imperdonable fue abandonar el cadáver de su compañera en lugar de hacer la denuncia. Al día siguiente, cuando lo interrogó la Guardia Civil —previo corte de pelo para despistar a los testigos— negó todo y le mintió a su esposa. Pero lo cierto es que se había dejado ver por todos lados con Margaret, incluido el taxista que les llevó hasta Can Planes, quien recordaba a la perfección a la jovencita y al «melenudo», además de la vecina que hizo la denuncia. Finalmente admitió que había estado con la víctima, pero por supuesto negó haberla matado. Dio el detalle de las drogas consumidas y les aclaró que él conocía a la dueña de la casa y sabía que no estaba en el lugar, por lo tanto, de ninguna manera podían acusarle de atracar una casa ajena.

Sin embargo, nada pudo hacer y fue detenido en calidad de principal acusado por el asesinato de Margaret Hélène Boudrie. Recién un año después, en junio de 1968, la Audiencia Provincial de Palma le absolvió del delito de homicidio en un juicio al que nadie prestó atención. Más allá de la falta de evidencias, en los medios trascendió que había habido presiones para absolver a Morton, quien era norteamericano, sobre todo, por el especial ahínco que ponía el franquismo en mantener buenas relaciones con Estados Unidos. Más aún: el caso ni siquiera fue tratado como un homicidio, porque si bien las heridas de la espalda eran abundantes, ninguna era mortal. Los médicos forenses no fueron capaces de detectar que había sido asfixiada con una almohada y por esa razón determinaron que Margaret había sufrido un paro respiratorio a causa de las drogas consumidas aquella noche. Nada dijeron de la violación.

Hubiera quedado el caso sin resolver si tres años después el verdadero asesino de Margaret no hubiera confesado el crimen.

Al principio, no creyeron que el asesino hubiera llegado a Ibiza. De hecho, sospecharon que mentía con el fin de alargar las «vacaciones» de las que él solo disfrutaba junto al equipo de investigación. Además, ese caso ya se había cerrado con la absolución del único detenido, que estaba en libertad tras un año de cárcel. Sin embargo, el equipo encabezado por Salvador Ortega aterrizó en la isla con la intención de reconstruir la escena de un crimen que, *a priori*, había sido una falla orgánica de la justicia local. Una vez en el lugar, el asesino dio nuevas muestras de su memoria prodigiosa. En primer lugar, describió qué elementos habían cambiado, por ejemplo, el colchón. La dueña aún conservaba el anterior, junto con la funda, y él los reconoció: tenía un dibujo particular y un corte en forma de cruz que había realizado con su navaja. Además, agregó algunos detalles macabros: «No tuve más remedio que ahogarla con la almohada. Y me parece que le clavé una navajilla muy fina que había allí cerca... Se la clavé por la espalda y luego lavé el cadáver, por si habían quedado mis huellas». Como ya había ocurrido y seguiría sucediendo, durante la reconstrucción de la escena del crimen, «el Arropiero» recordaba los hechos y se excitaba cuando los narraba y revivía el momento del asesinato, situación que incomodaba a los presentes.

De esta manera, con el segundo crimen comprobado de Delgado Villegas, por fin se hacía justicia a la joven francesa, de quien todos ya se habían olvidado.

Julio de 1968, Chinchón, Madrid

Los asesinos en serie van escalando sus crímenes: al principio son más desordenados y espaciados, pero a medida que avanza el tiempo, empiezan a acortarse los períodos entre uno y otro. Si habían pasado tres años entre los dos primeros documentados, entre el segundo y el tercero apenas transcurrieron 13 meses, en el que además hizo su aparición el arma letal del «Arropiero»: «el golpe del legionario», ese puñetazo de karate que, aplicado en un punto vital, provoca una muerte instantánea.

Chinchón es un pueblo pequeño, de poco más de 5000 habitantes, ubicado a 44 km de Madrid. En aquel entonces, Venancio Hernández Carrasco era un vecino notable, conocido por haber inventado el eslogan «Chinchón, anís, plaza y mesón». Es de imaginar la sorpresa y amargura de todos cuando el 20 de julio de 1968 su cadáver apareció semidesnudo y tirado junto al cauce del río Tajuña. Todo hacía pensar en un accidente, pero la realidad era otra, como se sabría algunos años después.

Aquel sábado de julio, pleno verano y día de descanso, el hombre se fue a remojar los pies en el tío Tajuña. Estaba tranquilo, al fresco, cuando se le acercó un merodeador que le pidió dinero para comer. Venancio se lo negó, y viéndole el porte y lo fornido que era, le dijo que trabajara, como lo hacía todo el mundo. El pobre no sabía que el vagabundo al que le había negado ayuda era un asesino, quien respondió a la reprimenda con su letal golpe del legionario para luego rematarle ahogándole en las aguas del Tajuña. Antes de tirarle al río, le quitó el pantalón y los calcetines, había que aprovecharlos.

Horas después, se encontró el cuerpo de Hernández Carrasco y se determinó que había sido un accidente. Como en el caso de la joven francesa, sin la posterior confesión del «Arropiero», la muerte del vecino de Chinchón hubiese quedado impune.

El relato completo sería conocido tres años después, cuando Delgado Villegas confesaría haberle matado y aportaría muchos detalles sobre el hecho. Como en casos anteriores, contó una historia que no hubo forma de verificar, por lo cual lo consideraron otro de sus intentos por limpiar un poco su imagen frente a la mirada condenatoria de sus compañeros de viaje. Según él, había enfrentado a Venancio para salvar a una niña de una violación, circunstancia de la que jamás se supo nada. Lo cierto es que hundió en el agua a su víctima semidesnuda hasta que —según sus exactas palabras «dejó de hacer glu, glu, glu»—. ¿Cómo saber si decía la verdad? Sin dudas, su memoria fotográfica era la clave de que no mentía. A veces perdía la noción del espacio y del tiempo, pero una vez *in situ*, puesto allí en el lugar, la descripción era siempre pormenorizada. En este caso, llevó a los investigadores al lugar del hecho y ahí comprobaron la existencia de la casetilla que había mencionado; la curva del río era tal como la había reseñado, pero lo más significativo era la vista panorámica que el asesino había visto del castillo y de Chinchón, algo que solo podía saber de haber estado allí. Así quedaba registrado su tercer crimen documentado, en el que por primera vez se menciona el golpe del legionario. Además, empezaban a delinearse las características del homicida: lo anárquico de sus movimientos y la nimiedad de los motivos que despertaban su violencia.

Abril de 1969, Barcelona

Ramón Estrada Saldrich era el dueño de una destacada tienda de muebles de Barcelona, «Muebles Nomar», ubicada en la entonces Avenida del Generalísimo, hoy Avenida Diagonal. Tenía 71 años y era un miembro respetado de la comunidad. Con discreción, su familia estaba al tanto de su homosexualidad, pero como era una persona muy reservada, nada había para reprochar. Si bien al final de la década de 1960 las costumbres y los prejuicios empezaban a ceder, todavía era muy difícil reconocer la sexualidad de manera pública, y mucho menos vivirla con naturalidad a la vista de todos. Eso llevaba a que muchos hombres mayores se relacionaran con muchachos jóvenes, quienes luego se aprovechaban y les chantajeaban. La tragedia estaba siempre al acecho para ellos y Ramón Estrada Saldrich no pudo esquivarla.

El viernes 4 de abril de 1969, a primerísima hora, personal de limpieza de la tienda encontró al empresario inconsciente, pero aún con vida. Fue trasladado al Hospital Clínic, pero falleció sin que pudiera contar qué le había sucedido. Nada encajaba. ¿Qué hacía a esa hora en el almacén de muebles? ¿Por qué estaba tan herido? En la parte superior del cráneo podía verse un fuerte golpe; además, tenía el cuello destrozado, como si le hubieran intentado estrangular o le hubiesen dado un golpe de karate. Sus bolsillos estaban vacíos, y todo indicaba que había sido asesinado, pero su familia movió cielo y tierra para que el caso pasara solo como un accidente, que es como figuró en los medios de la época. Lo que no pudieron evitar fue que Delgado Villegas confesara el crimen un par de años después y, lo que es peor, que no ahorrara detalles escabrosos.

Estrada Saldrich había conocido al «Arropiero» en un bar y pronto trabaron relación. El empresario era un hombre mayor y el otro era un muchacho joven, fornido, bien parecido. En esos casos poco importaban las diferencias de origen, clase y hasta de formación; la relación era puramente carnal. Por eso, con cierta frecuencia iban al almacén de muebles para mantener encuentros sexuales, a cambio de dinero; la tarifa: unas 500 pesetas. Pero una noche las cosas se salieron de cauce. El empresario le pidió a su joven amante que le introdujera un dedo en el recto y este lo hizo, pero Delgado Villegas, tenía puesta en ese momento una tira adhesiva del tipo «tirita»; por lo que la banda quedó dentro del ano del cliente y sería, en buena medida, la razón de su muerte. Si bien este detalle había sido encontrado en la autopsia, fue ocultado por la familia para no exponer la intimidad del hombre ante la opinión pública.

El caso es que Estrada Saldrich, molesto por este incidente se negó a pagarle al «Arropiero» la tarifa habitual, y este iracundo comenzó a amenazar al empresario y a exigirle ahora 1000 pesetas. Lamentablemente, el empresario le negó el pago y ese fue un motivo suficiente para concretar su sentencia de muerte. El «Arropiero» le aplicó el golpe del legionario y le atacó con una silla. No conforme con eso, le arrojó por la escalera donde después le encontrarían, circunstancia que ayudó a la familia a sacar provecho de la hipótesis del accidente. Claro que le faltaban algunos anillos, el reloj y su cartera, pero en la medida en que se ocultara la información a las autoridades, el robo quedaba descartado y el escándalo podía evitarse con mayor facilidad.

Consciente de que se había metido con un pez gordo, Delgado Villegas se apuró a escapar, cruzó la frontera con Francia y siguió hasta París. Una vez en la capital gala, se apersonó en el consulado español e informó que llevaba tres meses buscando trabajo. El embajador, como era de uso, le extendió un certificado en el que constaba esta circunstancia y se lo remitió a la policía francesa. Por eso, cuando se intentó cuadrar las fechas del asesinato de Estrada Saldrich con el recorrido del «Arropiero» por España, no encajaban los datos. Los investigadores estaban perdidos, hasta que el inspector Salvador Ortega encontró un registro en un hospital: Delgado Villegas había vendido sangre para obtener dinero en Mataró. Eso lo ubicaba en la zona para la fecha del crimen. Es cierto que la verdad salió a la luz, pero no se puede negar que el asesino ideó una jugada maestra, en palabras del propio Ortega. De todos modos, el detalle de la venda dentro del recto que había aportado «el Arropiero» confirmaba el crimen y el autor; ese dato solo figuraba en la autopsia y no había trascendido en ningún medio de comunicación. Además, fiel a su costumbre y gracias a su memoria fotográfica señaló cuál era la habitación en la que había cometido el crimen —la oficina—, y cómo era el sitio, detalles de agendas, nombres y otros detalles. Indudablemente, era el asesino.

Noviembre de 1969, Mataró, Barcelona

Anastasia Borrella Moreno era una mujer menuda, vivaracha, de 68 años, que medía escasos metro cuarenta. Era muy querida y todos la conocían porque trabajaba en la cocina del bar Iruru de Mataró. Esa zona, tan concurrida durante el día, quedaba desierta en cuanto se escondía el sol. Como cada noche, el 23 de noviembre de 1969 se retiró de su lugar de trabajo rumbo a su hogar, que quedaba a 300 m del bar. Nunca llegó.

Cuatro días más tarde unos niños encontraron su cadáver en una torrentera. Estaba cubierto con plástico, boca arriba, con la ropa subida hasta la mitad del pecho. La autopsia luego explicaría que la habían matado a golpes, que había quedado con una fractura expuesta de fémur y que el asesino había practicado necrofilia con ella, es decir, había tenido sexo con el cadáver.

Todos los crímenes son brutales, crueles, infundados y sin sentido, pero para el de Anastasia Borrella Moreno no hay palabras que den cuenta del horror cometido por «el Arropiero».

A esta altura, los testimonios variaban y se contradecían. En un primer momento, Delgado Villegas dijo que en realidad se trataba de una prostituta de 20 años que le había ofrecido tener sexo, pero como él no quiso aceptar la propuesta, ella le insultó y provocó su enojo, motivo por el cual la empujó de un puente. Cuando le explicaron que la víctima era una mujer mayor, cambió el relato y explicó, simplemente, que aquella noche había tenido ganas de una mujer. Se había cruzado con la anciana y le preguntó si quería tener sexo con él. La pobre mujer reaccionó indignada y amenazó con avisar a la policía, pero Delgado Villegas no lo pensó dos veces: le arrebató la cartera —que en definitiva era lo que quería, robarle—, la mató a ladrillazos y arrojó el cuerpo al cauce seco del río. Después, al advertir que el cadáver se veía desde arriba, bajó a esconderlo en el túnel.

Pero el horror no terminaría allí. Durante las tres noches siguientes, Delgado Villegas tuvo contacto carnal con el cadáver hasta que el cuerpo fue encontrado, tal como haría algunos meses después con Antonia Rodríguez Relinque en El Puerto de Santa María.

Como ya se dijo, los asesinos en serie van «evolucionando», probando acciones y métodos. También aumenta el morbo y la perversión. En ese sentido, el peligro de una relación necrofílica es que el asesino empieza a necesitar un cadáver para obtener placer y, si no lo consigue, se lo procura matando. En efecto, no quedó probado que hubiera practicado necrofilia con la estudiante francesa, pero sí con esta mujer y con «la Toñi», su última víctima.

Habían pasado apenas siete meses desde el asesinato de Ramón Estrada Saldrich. Los períodos entre los homicidios empezaban a acortarse.

Sin lugar a dudas

A esta altura, no quedaban dudas de que Delgado Villegas era un asesino en serie. Luego se podría establecer si su método era organizado, desorganizado o mixto, algunas de las categorías que tiempo después establecería la ciencia criminal. Sin embargo, el análisis de los hechos ratificaba que mataba a mujeres y varones, tanto hétero como homosexuales; gente desconocida y personas con las que había entablado una relación. También, que usaba los golpes con piedras, la asfixia con las manos o una almohada, los empujones al vacío o el golpe del legionario para asesinar a sus víctimas. Entre los primeros casos transcurrieron años, luego meses y finalmente, días entre uno y el siguiente. Pero el factor común en todos ellos era la crueldad y la absoluta falta de empatía con la víctima.

Capítulo 6

LA LEGIÓN, LA MAFIA, ARISTÓCRATAS FRANCESAS Y MATRONAS ITALIANAS

Ya hemos señalado que, durante el extenso viaje junto a sus captores, el «Arropiero» pudo desarrollar una suerte de relación con ellos que le llevó a contar diferentes aspectos de su vida, más allá de los crímenes de los que se le acusaba. En sus relatos quedaba claro que, desde niño, Delgado Villegas había tenido una vida de privaciones, maltratos y escasa atención, que vale la pena repasar para intentar comprender sus crímenes. Todo indica que era agresivo, en parte porque esa parecía ser su naturaleza y también porque consideraba que era un medio eficaz para defenderse del mundo y del prójimo. Había sido expulsado de la escuela, estaba enfrentado a su hermana, el único familiar con el que había establecido algún lazo afectivo, y su hábitat natural era el ambiente sórdido de la prostitución. Tal vez con la intención de encaminar su vida, que marchaba a la deriva, pensó que alistarse en alguna institución ordenaría sus pasos, y fue así como decidió ingresar en la Legión Española a los 18 años.

Esta fuerza militar de elite fue creada en 1920 por el rey Alfonso XIII, a partir de un proyecto de José Millán-Astray. Su nombre original era el Tercio de Extranjeros y nació como fuerza de choque en la guerra contra Marruecos. Delgado Villegas entró en el tercio sahariano de la Legión, pero el balance de su paso por la institución resultó completamente negativo. Lejos de reformarle y encauzarle, durante los pocos meses que integró la fuerza, aprendió destrezas que convirtió en nefastas, como el «golpe del legionario». Además, adquirió el hábito de consumir sustancias tóxicas, principalmente marihuana y alcohol, que descontrolaban aún más su violento carácter. Como era previsible, le resultó difícil adaptarse a la férrea disciplina del cuerpo militar y tuvo algún brote psicótico, de modo que su estancia fue corta, alrededor de 6 meses en total. No ha quedado claro si le expulsaron o si desertó, aunque hay dos versiones. Una relata que había comenzado un proceso de desintoxicación de la marihuana que le terminó provocando ataques epilépticos (como ya se mencionó, en muchos casos eran simulados, por lo que cabe pensar que quizás los hubiera inventado entonces para evitar el tratamiento); por esta razón le habrían declarado no apto, con su consiguiente baja. La otra versión afirma, sencillamente, que habría desertado. En cualquier caso, se trataba de otro paso en falso que sumaba en su vida.

Sin fronteras

A partir de ese entonces, se dedicó a deambular por aquí y allá, y no hubo autoridad ni paso fronterizo que le detuviera. Así fue como Delgado Villegas, desequilibrado mental y sin educación, burló controles de frontera y funcionarios policiales de España, Francia e Italia durante diez años. Cuesta creer mucho de lo narrado, pero los criminólogos que viajaron con él reconstruyendo las escenas de sus asesinatos creen que buena parte del relato es cierto. Coinciden los tiempos históricos y se pudieron confirmar algunas de sus fechorías y andanzas. Además, consultaron datos en otros países y había bastante coincidencia entre lo que relataba el asesino y los casos pendientes de resolver en el extranjero. Como es lógico, la justicia española no podía actuar en esos lugares, pero a los investigadores les servía para armar el perfil del homicida y darle crédito a la información que les brindaba.

Esta mezcla de ingredientes ha despertado la fascinación por el personaje, como es el caso del cineasta Carlos Balagué, quien realizó un documental sobre «el Arropiero» en el cual afirma: «Lo que me sorprendió es que una persona sin recursos, sin apenas saber hablar, tuviera esa capacidad camaleónica de adaptación al medio, esa capacidad para relacionarse». Pero no es el único, el psiquiatra forense Xavier Bernal también opinó algo similar «debido a la necesidad, su inteligencia práctica podía ser muy superior a la de cualquier persona en sus cabales».

Además, el asesino era un muchacho atractivo que parecía tonto, y probablemente debe de haber despertado la compasión de más de uno, provocando que se acercara a él sin reparos. Por aquel entonces, Delgado Villegas se convirtió en un nómade que sobrevivía mendigando y pidiendo limosna. Se dedicó al hurto de casas de campo deshabitadas, pero pronto volvió a su viejo *métier*: se vinculó con prostitutas y proxenetas y empezó a ejercer nuevamente como chapero.

Durante esta etapa en Francia e Italia, estuvo en las capitales de ambos países y también vivió en la Costa Azul, más precisamente en Marsella, donde entabló relaciones peligrosas.

Francia, entre la mafia y los ladrones

En su paso por Francia recorrió Marsella, aunque antes estuvo en París, donde se «enrolló» con una joven vinculada a una banda de atracadores de bancos. Según su relato, como no lo aceptaron en el grupo, tomó una de las metralletas que tenían, asesinó a los cuatro maleantes, y la muchacha le ayudó a deshacerse de ellos.

En otra ocasión, también confesó haber matado a una muchacha por «chivata», la estranguló con sus propias manos y en lugar de huir a España, se escondió unos meses en la casa de uno de los tantos conocidos en los bajos fondos de Marsella.

En la Costa Azul seguía siempre el mismo libreto: seducía a alguien, se instalaba en su morada y cuando se cansaba, le asesinaba y saqueaba. Primero fue una mujer mayor que él que le alojó en su lujosa mansión, a la que mató a piedrazos en la cabeza y luego le robó dinero y alhajas. El motivo del homicidio fue claro y sencillo; según sus propias palabras: «No aguantaba más la situación».

A continuación, hizo lo propio con un hombre que le vio descansando en la playa y le invitó a su casa. Tras la cena, el anfitrión quiso pasar a la acción y le propuso mantener sexo.

Delgado Villegas liquidó el asunto fiel a su estilo: lo ahorcó con un cable y se escapó con un botín de joyas y varios billetes de 100 francos. Como tantas otras veces, se le demoró sospechado del asesinato de ocho prostitutas, a quienes habría estrangulado o golpeado en el cuello, además de violar y robar, pero los casos no se resolvieron y siguió en libertad.

Sin embargo, el capítulo marsellés tenía reservado un cariz mucho más peligroso y sumamente violento, que encontró en el español un brazo armado justo a su medida. Como era su costumbre, Delgado Villegas empezó a frecuentar la noche marsellesa, donde pronto se relacionó con todo tipo de individuos. Hizo algunas amistades que le propusieron integrar una de las bandas que había en aquellos primeros años de la década de 1960. Entonces, Argelia peleaba por dejar de ser una colonia francesa y cuando logra su independencia, se despierta la ira de los grupos nacionalistas. La presencia de la temible OAS (*Organisation de l'Armée Secrète*), una organización terrorista de extrema derecha, se había convertido en un grave problema para Marsella. Pero el peligro no se limitaba a ellos; en la ciudad campeaban, también, los agitadores argelinos, la mafia corsa y la mafia árabe. La ubicación de Marsella sobre el Mar Mediterráneo convertía a esta ciudad en un puerto de fácil acceso al continente europeo. Estos grupos se habían instalado poco a poco en la costa francesa y en ese momento comandaban la droga y la prostitución en una serie de barrios bien limitados por sus acciones. La ciudad era, por aquel entonces, un terreno ideal y apto para el crimen organizado. Teniendo en cuenta que «el Arropiero» había aprendido a manejar armas en la Legión Española y dada su natural crueldad para matar, a los investigadores les resultó absolutamente creíble que hubiera trabajado con cualquiera de estos grupos, tal como afirmaba.

Roma, muerte por dos

En perspectiva, puede afirmarse que «el Arropiero» se movía impunemente por todo el litoral mediterráneo, e iba sin problemas de España a Italia, vía Francia, siempre de forma ilegal, camaleónica e inadvertida. Así fue como llegó a Roma, donde logró amancebarse en la pensión de una mujer, bastante obesa y mayor que él. Tenía techo y comida a cambio de sexo, pero todo se arruinó cuando la dueña de casa le encontró en la cama con su sobrina. El escándalo fue mayúsculo, sin embargo, Delgado Villegas lo resolvió de un modo rápido y sencillo: mató a ambas. Nuevamente, la explicación helaba la sangre de quienes lo escucharon confesar: «Se formó tal jaleo que no tuve más remedio que cargármelas a las dos».

Así de aleatorios eran sus crímenes, como así fueron los que años después investigaría la Brigada de Investigación Criminal de El Puerto de Santa María, con Salvador Ortega a la cabeza.

Tiempo más tarde, algunos criminólogos lamentaron que en vida de Delgado Villegas no se le hubiera estudiado a fondo, porque en él estaba el germen del asesino en serie y hubiera aportado valiosa información para prevenir a las autoridades sobre otros asesinos. Sobre todo, teniendo en cuenta que poco a poco se iba estableciendo un patrón que repetiría a lo largo de su corta existencia: se relacionaba con gente de todo tipo, sexo, origen y clase social, pero pronto se cansaba, se ofendía o se veía en aprietos y, como no sabía cómo gestionar las situaciones críticas, siempre resolvía los conflictos de la única manera que sabía: matando.

Capítulo 7

EN EL LABERINTO
BUROCRÁTICO.
UN CASO KAFKIANO

Como ya se dijo, el caso policial de Manuel Delgado Villegas, «el Arropiero», había marcado un antes y un después en la historia del crimen en España. Primero, porque era el primer asesino en serie del siglo xx que se tenía documentado; segundo, porque la investigación llevó unos cuantos años e implicó un recorrido por media España, toda una novedad, al punto de que fue la primera vez que se transportó a un sospechoso en avión. Por último, porque desde el punto de vista jurídico planteó un auténtico desafío a las autoridades. ¿Se podía juzgar a un hombre que —estaba a la vista— tenía serios problemas mentales? Con posterioridad, los médicos psiquiatras podrían ponerle un nombre concreto a la patología, pero en ese momento determinaron que era inimputable, le internaron en un hospital psiquiátrico penitenciario y se olvidaron de él por muchos años.

Uno de los retos con los que se encontraron los jueces es que, si bien los crímenes fueron probados gracias a los detalles minuciosos que aportó el propio asesino (y que solo podía conocer él, porque se trataba de datos que no habían trascendido públicamente), también era cierto que jamás se hallaron muestras biológicas, como semen o sangre. La ausencia de semen se entiende, debido a su anaspemartismo, pero que no hayan encontrado restos de sangre, excepto la de las víctimas, es significativo. Tampoco hubo testigos en ninguno de los casos. El panorama era difícil. De todos modos, con la evidencia recolectada se le podría haber juzgado y condenado a muerte, incluso. Pero... ¿toleraría el país una ejecución en aquel momento? ¿Estaba preparada España para un caso como el del «Arropiero», en ciernes del fin de la dictadura franquista? El caso del «Arropiero» parece señalar que no, por eso la Justicia hizo todo lo posible por sacarse el tema de encima cuanto antes. Inquietaba, y mucho. Esto explica la inimputabilidad y la internación de Delgado Villegas que, por otra parte, ¿quién iba a cuestionar? Además y por si todo esto fuera poco, nadie se pre-ocupó por procurarle un defensor oficial ni por cuidar el expe-diente, que pronto desapareció.

Ya pasados los años y en la medida en que el caso podía ser analizado con perspectiva, algunas opiniones coincidieron en que el proceso había sido poco prolijo y que el caso se había con-vertido en una molestia para todo el aparato político franquista.

Por ejemplo, la de Carlos Balagué, el cineasta que realizó un documental sobre «el Arropiero», quien sostuvo que «la socie-dad española decidió dar carpetazo porque en cierto modo no encontraba la fórmula para resolverlo». Precisamente, los moti-vos que llevaron a este realizador a consumar el filme estuvie-ron relacionados con el dilema burocrático que implicó el caso: «No buscaba hacer un documental al uso sobre este asesino, sino indagar en las contradicciones entre la policía, la justicia y los psiquiatras que lo atendieron».

Francisco Pérez Abellán, director del Departamento de Criminología de la Universidad Camilo José Cela, ade-más de escritor, divulgador e investigador especializado en Criminología, se lamentó también por este «olvido», al que considera una oportunidad perdida para comprender la mente de lo que es un asesino en serie:

> «Hay un desprecio al estudio del crimen. La ciencia jurídica se dedica a castigar. Si consigue encontrar un culpable, ahí se acaba todo. En cambio, los criminólogos queremos saber, además, por qué se produjo eso, por qué científicamente las personas se empujan unas a otras al delito o se vuelcan al crimen. Y por cierto, que acabe un juicio no significa que acaba una investigación criminológica. Hay que saber qué impulsó a esa persona a matar, sobre todo cuando se trata de un asesino en serie, como era el caso de Manuel Delgado Villegas».

Del Puerto de Santa María a Carabanchel

Lo que había comenzado ordenada y prolijamente, con una investigación brillante a cargo de los inspectores y del juez de El Puerto de Santa María, ratificados en sus puestos interponiendo situaciones de excepción porque el caso involucraba diferentes jurisdicciones, se había convertido ahora en un desafío de difícil solución.

El primer dato revelador es que, de acuerdo con los dichos del inspector Salvador Ortega en diversas entrevistas, la pesquisa terminó de un día para otro sin mayores explicaciones, cuando aún había mucho por averiguar, dado que se contaba con un sospechoso más que dispuesto a colaborar. Ortega lo atribuiría años después a que se había decidido declararle inimputable e internarle en un psiquiátrico penitenciario. Pero nunca supieron de dónde vino la orden concreta de concluir la investigación, cuando llevaban ya cerrados ocho casos (consideremos que la justicia tuvo en cuenta solo siete) y habían confirmado su participación en otros 22 crímenes más.

Desde el punto de vista legal, la Justicia debió afrontar un caso inusual. A pesar de que el asesino había quedado en la capital española, la Audiencia Provincial de Cádiz se inhibió a favor de la de Barcelona, por ser esta la primera jurisdicción en la que «el Arropiero» había cometido su primer asesinato, el de Adolfo Folch Muntaner. El caso quedó, entonces, a disposición del Juzgado de Instrucción N° 5 de Barcelona.

Una vez concluido el viaje y la reconstrucción de los asesinatos confesados, Delgado Villegas quedó internado en el hospital psiquiátrico penitenciario de Carabanchel, Madrid, por entonces el único hospicio donde se albergaba a los enfermos mentales acusados de homicidios, a la espera de la resolución judicial. Y allí estuvo, oculto u olvidado, por muchos años, casi 17.

El tiempo pasaba y recién en 1973, el médico forense Luis Frontela reclamó el expediente, para revisar la reconstrucción de los diversos crímenes y ver los antecedentes de Delgado Villegas.

Este profesional fue quien había realizado la segunda autopsia al cuerpo de Francisco Marín Ramírez en El Puerto de Santa María y quien había determinado que se trató de un asesinato y no de un accidente. Para ello, se dirigió a Barcelona y, al pedir el sumario, grande fue su sorpresa cuando nadie supo decirle dónde estaba. El expediente había desaparecido, se había perdido y no había quien dijera dónde hallarle. La voz de alarma había sido dada, se imponía su búsqueda urgente. Sin embargo, recién sería ubicado en 1976, tres años después, ya en plena transición política a la democracia. Después de insistir en todas las secretarías de Barcelona, el fiscal Alejandro del Toro logró dar con el famoso expediente y resolver el misterio: un anciano ujier, ya jubilado, lo había traspapelado...

Mientras tanto, el reo seguía en su encierro de casi dos décadas en el psiquiátrico penitenciario de Carabanchel.

Un acusado sin defensa

Hasta aquí se han enumerado diversas diligencias judiciales, pero hay algo que aún no se mencionó y que a nadie parecía importar: hasta ese momento, Delgado Villegas no había tenido defensor, ostentando el curioso récord de arresto preventivo sin detención legal y sin defensor. Sencillamente, le habían arrumbado en Carabanchel y se habían quitado el asunto de encima. En síntesis, se trata de un caso con varias irregularidades, aunque también es cierto que la ley vigente permitía internar a un enfermo mental grave acusado de asesinato sin necesidad de celebrar un juicio.

El Fiscal Alejandro del Toro resolvió el asunto de la defensa con diligencia: le propuso a un letrado amigo y exalumno suyo, Juan Antonio Roqueta, si quería hacerse cargo: «¿Quieres un asunto de sangre? Aquí lo tienes». Era un primer paso, necesario, para enmendar los errores que se habían cometido. Así las cosas, Roqueta se convirtió en el primer defensor oficial del «Arropiero» y le fue a ver a la cárcel para interiorizarse del asunto.

Una antigua celda de la Prisión Provincial de Madrid, más conocida como cárcel de Carabanchel, donde Manuel Delgado Villegas permaneció encerrado durante casi dos décadas.

Asimismo, se inició un nuevo sumario, el 24/78, a cargo del Juzgado Central N° 2 de la Audiencia Nacional y se tomaron como indiscutibles los siguientes casos:

1. Robo y homicidio en Garraf, Barcelona
   (Adolfo Folch Muntaner).
2. Asesinato y violación en Ibiza
   (Margaret Hélène Thelese Boudrie).
3. Asesinato en Chinchón, Madrid
   (Venancio Hernández Carrasco).
4. Homicidio y robo en Barcelona (Ramón Estrada Saldrich).
5. Homicidio y violación en Mataró, Barcelona
   (Anastasia Borrella Moreno).
6. Homicidio en El Puerto de Santa María
   (Francisco Marín Ramírez).
7. Homicidio en El Puerto de Santa María
   (Antonia Rodríguez Relinque).

Sin embargo, Delgado Villegas nunca llegó a juicio. Nueve médicos establecieron que, debido a su estado mental, el proceso era innecesario y hasta desaconsejable, así que se desistió de enfrentarle a un tribunal. Finalmente, la vista oral no se llegó a celebrar y el 20 de junio de 1978 la Audiencia Nacional emitió un auto de sobreseimiento libre por el que el caso quedaba archivado, además de indicarse su admisión por tiempo indefinido en el hospital psiquiátrico penitenciario de Carabanchel, donde en definitiva residía desde 1971, a causa de enfermedad mental. Cabe aclarar que en la actualidad no se podría repetir un proceso así, porque la legislación española vigente no permite un internamiento indefinido en un establecimiento psiquiátrico, así como no existe la reclusión perpetua en prisión.

En definitiva, la Justicia halló finalmente una solución simple para un problema gordo que tenía en sus manos: nada menos que un preso olvidado en un hospicio y un sumario perdido. El caso del «Arropiero» había desbordado a todos los implicados en él, ya fueran jueces, policías o psiquiatras, y como es sabido, de los laberintos judiciales y políticos, solo se sale de una manera: por arriba. La internación por tiempo indeterminado dejaba a todos conformes y tranquilos, tenían a un culpable y se aseguraron de que no volviera a matar.

Margarita Landi, una de las periodistas que mejor conoció al personaje y que más investigó sus crímenes, fue clara al respecto:

> «No querían que se lo juzgara, para que no pudiera acogerse a los beneficios de la ley general penitenciaria. O sea, que no le dieran permiso de salida. Si lo procesaban, lo tenían que sentenciar. Y a partir de ese veredicto, se contaba el tiempo que podía estar encerrado y los permisos que tenía que disfrutar. Y como sabían que nada más salir de la cárcel volvería a matar, pues les convenía tenerlo en ese régimen».

Parece que no había salida posible para Delgado Villegas como no fueran el loquero o la muerte. Consultado al respecto varios años después, su propio defensor, Juan Antonio Roqueta, sentenciaría lacónico: «Si no lo hubieran declarado loco, posiblemente a este señor lo hubieran ejecutado».

Un nuevo intento

Diecisiete años después de su internación en el psiquiátrico y diez desde el sobreseimiento de la Audiencia Nacional, en julio de 1988, y ante el inminente cierre del psiquiátrico penitenciario de Carabanchel, Manuel Delgado Villegas, de 45 años, fue trasladado a otra institución similar en Fontcalent, Alicante. Allí se cruzó con otros dos asesinos en serie, Francisco García Escalero, conocido como «el asesino de mendigos» y José

Antonio Rodríguez Vega, «el asesino de ancianas». Una verdadera tríada de asesinos en serie.

A raíz de este traslado, «el Arropiero» volvió a estar en el candelero y se reavivó el caso, que entró nuevamente en un largo derrotero judicial. El abogado Emilio Rodríguez Menéndez solicitó a la Audiencia Nacional la reapertura del juicio y el alto tribunal se la negó. El letrado fue a por más y planteó un recurso de queja ante el Tribunal Supremo, que tampoco le dio la razón. La siguiente instancia fue el Tribunal Constitucional, máxima instancia judicial del país, también sin éxito. Se dirigió entonces a la Comisión de Derechos Humanos de Estrasburgo, ya que España formaba ya parte de la Unión Europea, pero no le admitieron la demanda por un tema formal: no haber acreditado de manera correcta la representación de Delgado Villegas. El caso quedó por enésima vez en punto muerto. A nadie le interesaba Manuel Delgado Villegas, «el Arropiero»: ni les había importado antes, ni les importaba ahora, ni les importaría nunca. Cuanto más lejos y arrinconado estuviera, mejor para todos. O, al menos, esa es la sensación que prevalecía.

«Robinson de los hospicios»

En 1992 «el Arropiero» llevaba ya 20 años encerrado. A raíz de esta situación de clara ilegalidad, ahora sí la Sección 2ª de la Audiencia Nacional pidió informes al fiscal para decidir finalmente sobre la posibilidad o no de juzgar a Delgado Villegas. Para ello, ordenó su traslado desde Fontcalent a la capital española, para que la Clínica Médico Forense de Madrid le revisara y emitiera un dictamen sobre su estado físico y mental, de modo de saber si era o no apto para participar en un proceso judicial público. La conclusión no sorprendió: los profesionales a cargo determinaron que su condición no permitía llevar adelante un juicio. Entonces, se le aplicó el artículo 81 del Código Penal (Ley de Enjuiciamiento Criminal), según el cual a un enfermo mental no se le podía imponer una pena, sino una medida de seguridad indeterminada en el tiempo. En ese caso, la persona quedaba internada hasta que el juez dictara lo contrario de acuerdo con los avances de su curación, pero no podía permanecer más tiempo ingresado del que habría estado en caso de recibir una condena. Era paradójico: el enfermo quedaba exento de responsabilidad criminal, pero no se sabía cuánto tiempo debía estar internado. Según la Ley, el juez que había dictado el ingreso tenía que hacer un control de su condición psíquica cada 6 meses, para que no se produjeran olvidos lamentables, como efectivamente había sucedido durante dos décadas con «el Arropiero».

La realidad era que el control no se podía realizar con la diligencia esperable, debido a la sobrecarga de los tribunales de Justicia y a la falta de medios. Así era como un internado podía permanecer en esa condición mucho más tiempo del correspondiente, sobre todo cuando los expedientes se extravían.

Siempre de acuerdo con la letra de la Ley, si la institución penitenciaria manifestaba que la peligrosidad del individuo había disminuido o que había sanado, podía salir libre, pero ¿quién podía asegurar que no cometería otro delito? Según los médicos, no estaban seguros de que Delgado Villegas estuviera en condiciones de subsistir por su cuenta solo en la calle, pero sí tenían la certeza de que podía volver a cometer nuevos crímenes. Por mucho que se le tratara, no se podía modificar su condición psicopática original. Por ello, recomendaron mantenerle custodiado en un psiquiátrico de alto riesgo. No cabía la posibilidad de ingresarle en un centro de «puertas abiertas».

Así fue como Manuel Delgado Villegas terminó recorriendo a lo largo de 26 años varios centros psiquiátricos penitenciarios: Carabanchel, Fontcalent y finalmente Santa Coloma de Gramanet, en Barcelona.

Su rutina cotidiana solo era interrumpida dos veces al año, en Navidad y en verano, cuando recibía la visita de Joaquina, su hermana mayor. Este era su único contacto con el exterior.

Capítulo 8

UN LARGO DEAMBULAR POR INSTITUCIONES PSIQUIÁTRICAS

M anuel Delgado Villegas, «el Arropiero», tuvo una vida corta pero singular, al punto de entrar en la historia del crimen en España como el primer asesino en serie. Sin embargo, lo que más se investigó fue su enfermedad mental y el factor genético de su condición criminal. Estaba ahí, servido en bandeja para ser estudiado y prevenir sobre futuros homicidas, pero se privilegió la medicación y el hallazgo de una trisomía (esto es, la existencia de un cromosoma extra) que, aunque no influyó en su nivel de violencia, era un dato raro que llamaba la atención, pero no más que eso. Igualmente, es justo decir que todavía faltaban algunos años para que los agentes del FBI John E. Douglas y Robert Ressler teorizaran sobre los asesinos en serie y cambiaran la forma de abordar estos casos.

Son tantas las aristas para tener en cuenta en el caso de Delgado Villegas, que el asunto siempre se vuelve tan horroroso como apasionante.

Perfil psiquiátrico

Manuel Delgado Villegas era un asesino, sin dudas, y mató a decenas de personas, claro está, pero también era un ser humano. Es tentador para muchos considerarle un monstruo, pero no se debe dejar de lado el rasgo humano que permita comprender su caso.

En términos generales, costaba diagnosticarle porque las diferentes categorías psiquiátricas no le abarcaban por completo. Por ejemplo, la oligofrenia no era compatible con su inteligencia y está probado que, aun siendo un analfabeto sin educación, pudo desplazarse y sobrevivir astutamente.

En total estuvo internado desde fines de 1971 hasta que falleció, en febrero de 1998, a los 55 años, algo más de 26 años, a lo largo de los cuales se cruzó con muchos profesionales que le trataron. Había coincidencia en que era una persona desequilibrada y, seguramente esquizofrénica, con un cuadro megalomaníaco y desorientación temporo-espacial, así como con tendencia al autismo. En suma, «el Arropiero» presentaba un perfil psicótico complejo.

Para entonces ya se sabía que no tenía preferencias sexuales, sino que mantenía relaciones con personas de cualquier edad, origen, sexo y orientación. Además, había confesado practicar la necrofilia.

Una de las pocas personas que de verdad se propuso conocerle fue el inspector Salvador Ortega, quien durante mucho tiempo se preguntó qué podía llevar a un ser humano a matar a 48 personas sin sentir ni pizca de arrepentimiento. ¿Era locura o simple maldad? Este investigador también recordaba cómo Delgado Villegas intentaba justificarse. Por ejemplo, decía: «Los maricones y las putas son malos, hay que matarlos», a lo que el inspector le recordaba que él vivía de ellos, pero insistía en que aquellos estaban pudriendo la sociedad, con lo cual, en su mente enferma, él solo se dedicaba a hacer justicia, aunque tuviera sexo con ellos, antes y después de asesinarles.

Acerca del cromosoma XYY

Como se dijo, Delgado Villegas fue profusamente analizado y estudiado en tanto paciente psiquiátrico en Carabanchel. Así fue como se descubrió una singularidad genética: tenía un tercer cromosoma, XYY, también llamado el «cromosoma criminal» o del «súper macho» o de «Lombroso»; todas categorías que con el paso del tiempo fueron dejadas de lado.

Lo justo es poner las cosas en contexto. En ese momento, estaban vigentes algunas teorías deterministas acerca de ciertas condiciones genéticas. En la actualidad, se desecha ese tipo de análisis al estilo de Lombroso, pero aquella época, aún era un punto de vista válido en algunos círculos médicos. Por entonces, la trisomía sexual XYY era una alteración que se identificaba con un retraso mental y aplicación irracional de violencia. Se sostenía que el criminal nacía, no se hacía, y que el hecho de portar el tercer cromosoma prácticamente le condenaba a ser un violador y asesino, agresivo en toda circunstancia y sin una sexualidad definida. Casi la descripción del «Arropiero». Un argumento a favor de la teoría llamada «cromosomática», bandera de la corriente expresada por Lombroso, médico criminólogo italiano del siglo xix cuya teoría clasificaba a los asesinos a partir de sus rasgos físicos. La doctora Alicia Quintana había detectado esta característica, compartida con otros asesinos famosos, como el «Estrangulador de Boston».

Sin embargo, un artículo de la *American Journal of Medical Genetics* reseñaba una investigación en la que se afirmaba que el famoso «cromosoma criminal» se encontraba en apenas el 1,8% de los agresores sexuales evaluados. El autor del estudio, Peer Briken, del Instituto de Investigación Sexual y Psiquiatría Forense de la Universidad de Hamburgo explicaba que el factor genético solo se debía tener en cuenta cuando concurría con otros de tipo ambiental. Lo que en aquel momento alentó el estudio de la genética del «Arropiero» fue que la falla cromosómica era la misma que la de otro famoso asesino en serie: el «Estrangulador de Boston».

Un paciente complejo

Los primeros años en Carabanchel fueron difíciles. El «Arropiero» todavía estaba en una condición física aceptable y así fue como protagonizó dos hechos preocupantes: el intento de violación a una monja y la agresión física perpetrada a una asistente social a la que había logrado encerrar junto con él en una habitación. Para entonces llevaba cinco años sin matar.

Miguel Ángel Rodríguez, psiquiatra en este hospicio penitenciario de Madrid, también contaba un episodio violento con él y otro médico de allí: «En una consulta, no sé a cuento de qué, por una pregunta que le hicimos tuvo una reacción muy violenta, se puso de pie y nos amenazó de muerte...».

Durante el largo período que Delgado Villegas pasó en el psiquiátrico de Madrid, fue sometido a toda clase de terapias, tratamientos y, en varias ocasiones, encadenado a la cama. Le aplicaron *electroshocks* y camisas de fuerza química, mediante pastillas, que fueron amansando a la fiera hasta convertirla en un vegetal encorvado y deforme. Ya nada quedaba del muchacho fornido y atractivo, con su bigotito a lo Cantinflas. Su apariencia se había transformado y ahora solo era un anciano de cabello blanco, escaso y enmarañado, con barba larga y desprolija, el rostro ajado y la mirada perdida y furiosa. En suma, una imagen habitual en muchos psiquiátricos del mundo. Su personalidad dio un giro de 180 grados: de vanagloriarse de sus crímenes, pasó a declamar su inocencia, puesto que no veía la hora de recuperar su libertad.

Como todo hospicio, el de Fontcalent era un lugar sobrecogedor que alojaba alrededor de 250 internos, todos con alguna enfermedad mental: psicopatías diversas, paranoia, esquizofrenia. Y el hombre que había llegado desde Madrid era una presencia fantasmal. Un médico psiquiatra de Fontcalent, Miguel Bueno, le describió como una persona adicta al tabaco, obsesionada por un cigarrillo; a todos les pedía, como lo corroboraban las enfermeras. Ya no daba miedo, no quedaba nada del chulo y chapero de Barcelona, Roma y Marsella. Andaba con dificultad, era perezoso y dejado en la higiene personal. Incluso, durante su estancia en Alicante, una asistente social le consiguió una pensión de 50.000 pesetas por un accidente laboral sufrido años antes y ese dinero le permitió llevar una vida carcelaria un poco más acomodada. De todos modos, lo único que quería eran cigarrillos, su obsesión. Iba a la enfermería, se ponía de rodillas e imploraba. Las enfermeras iban de la pena a la paradoja: había matado a tanta gente y ahora suplicaba por un cigarrito.

Otro de los psiquiatras, Elmido Pardo, relataba que se había encontrado con una persona muy cerrada, sin voluntad de

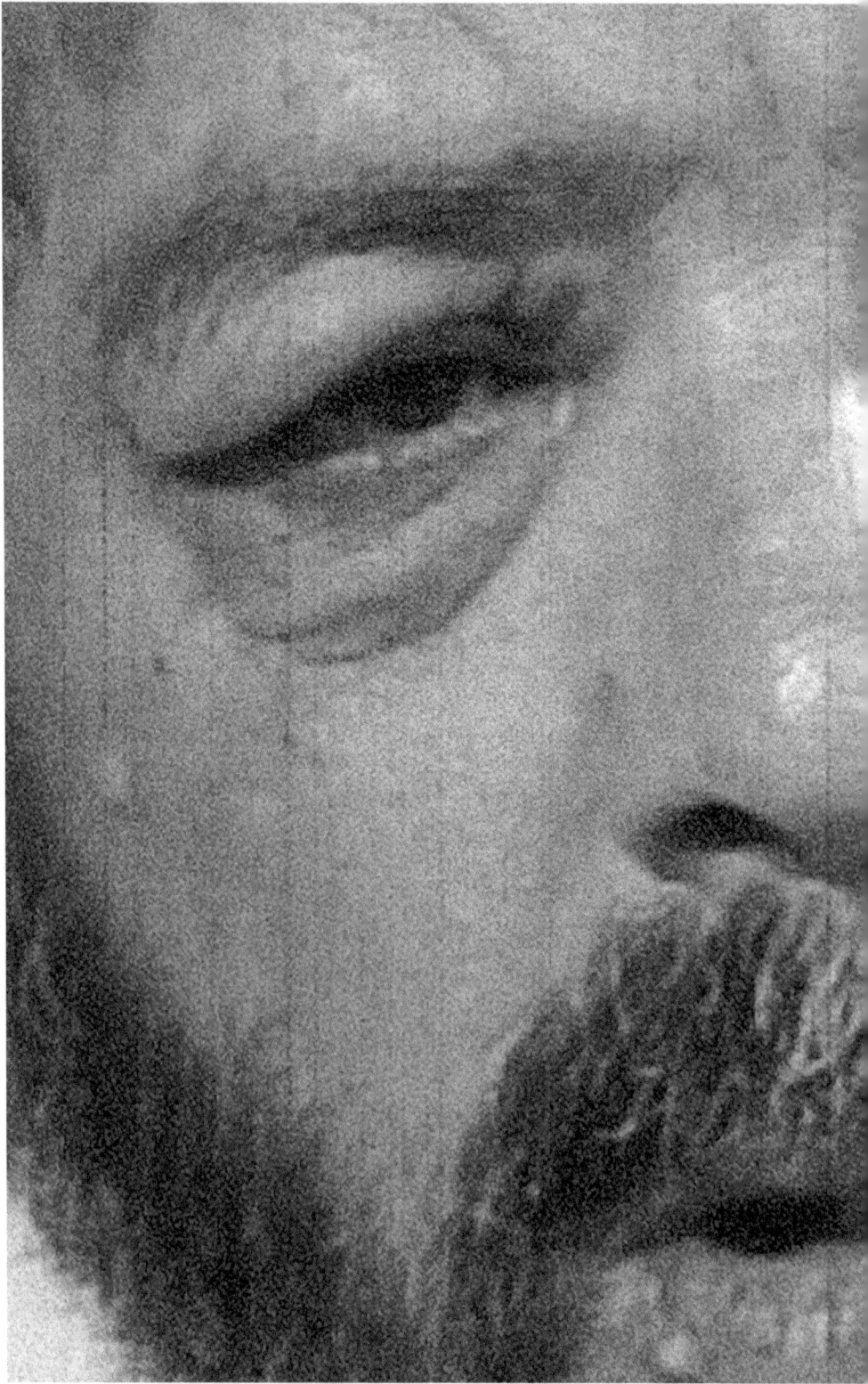

RTVE entrevista a «El Arropiero» en 1993 para el programa *Dossier 21*, dedicado a la figura de Manuel Delgado Villegas, uno de los asesinos en serie más grandes de la historia de España. El programa no llegó a ser emitido en su día.

comunicarse, envejecido y con la apariencia de una patología importante. Los años en Carabanchel le habían arruinado.

José García Andrade, un psiquiatra forense que le trató, explicaba que la condición genética podía agregarle un plus de violencia, pero no era determinante; se trataba de una personalidad con una serie de trastornos en la estructuración de su sexualidad realmente importantes. Además, Delgado Villegas era poco sensible a los fármacos y a todo tipo de tratamiento o terapia farmacológica. Pero igual debían tratarle de vez en cuando, sobre todo, con aquellos útiles para disminuir la violencia y la agresividad, como los neurolépticos.

En todos los lugares en los que estuvo, pero especialmente en Carabanchel, Delgado Villegas fue visitado por médicos, psicólogos y psiquiatras, biólogos y criminólogos, que intentaban entender cómo funcionaba su mente. Cuánto había de nacimiento, cuánto de adquirido, en qué medida habían influido el ambiente y las condiciones de crianza, la ausencia de la madre y la violencia del padre, entre tantas otras circunstancias posibles. La mayoría coincidía en que Delgado Villegas era un sujeto sin educación, alcohólico y con una grave pulsión sexual asociada a la violencia; pero, a la vez, también era una persona que parecía distinguir el bien del mal, al menos hasta cierto punto (cometía los crímenes por un motivo, pero cuando los explicaba, su mente cambiaba los contextos para poner la situación a su favor y «justificarse»). De todos modos, no se arrepentía de sus actos. A pesar de que encajaba en la descripción del clásico psicópata, había otros matices que planteaban divergencias entre los especialistas.

La vida de Manuel Delgado Villegas, «el Arropiero», transcurrió con relativa calma tras los muros del psiquiátrico. En Carabanchel, su tránsito fue un poco más agitado, porque entró en competencia con otros asesinos en serie y entabló una especie de relación sentimental con un muchachito que le despertaba celos. Pero más allá de estos episodios puntuales, en los que exhibió algunas conductas violentas, no hizo amistades y solía sentarse a fumar en los jardines, sin encarnar ninguna amenaza. Además, los años de encierro le produjeron un acelerado deterioro mental y físico; tanto por la medicación y los innumerables tratamientos recibidos, como por el exceso de tabaco, que hicieron que terminase arrastrando los pies al caminar y que delirase.

Unos años antes de su liberación y de su muerte, Delgado Villegas accedió a ser entrevistado para un documental de la Televisión Española donde quedó a la vista su degradación mental, por lo que fue poco lo que pudo sacarse en limpio. Apenas una frase, pero significativa: «No me gustaba matar mujeres».

¿Por qué mataba?

Los motivos por los que «el Arropiero» ultimó a sus víctimas eran múltiples. A Venancio Hernández, porque le negó algo para comer; a Anastasia Borrella para robarle; a Ramón Estrada porque no quiso pagarle lo habitual; a Francisco Marín porque quiso sexo... Los motivos eran variados, pero podían sintetizarse en uno central: el detonador era la frustración y el enojo inmanejables, al punto de matar. En opinión de Ortega, Delgado Villegas «era un sujeto dominado por un sentimiento de inferioridad cuyos episodios de violencia eran desatados por una mezcla de impulsos sexuales desenfrenados, ira al sentirse menospreciado por su retraso mental y una percepción de la realidad totalmente trastocada».

Juan Ignacio Blanco, un periodista que le estudió a fondo, sostenía que «tenía un cerebro pobre, pero lo compensaba con una fuerza sobrehumana. Años después, tuve la oportunidad de verle en el psiquiátrico penitenciario de Carabanchel destrozar con sus propias manos unas botas camperas partiéndolos con las manos. Casi para hacer un número en el circo. Desde niño ya demostraba esta fuerza física».

Otro profesional que estudió al «Arropiero» a fondo fue el ya mencionado Francisco Pérez Abellán, director del Departamento de Criminología de la Universidad Camilo José Cela y especializado en Criminología. Según su análisis, Delgado Villegas era un criminal que murió absolutamente incomprendido. Relataba que su abogado decía que era muy frágil psicológicamente, tanto que no soportaba ninguna alteración. Si alguien le miraba mal, podía ir hacia él y matarle por cualquier cosa, porque no se le diera un cigarrillo, no se le saludara o se le negara un trozo de pan, como efectivamente sucedió con el vecino de Chinchón. Sumado a ello, Pérez Abellán señalaba además un dato no menos esencial para comprender su personalidad: «Era un ególatra al que le encantaba hablar de sí mismo».

Asesino en serie: ¿sí o no?

Hay dos posturas al respecto: los que sostienen que fue un asesino en serie y los que no lo consideran así, sino un asesino múltiple. El método de Ortega, de dejar la violencia de lado y acercarse a él por el lado amistoso alimentando su ego, prueba que había apretado la tecla correcta, la del narcisismo, un ingrediente típico del asesino en serie.

Pérez Abellán también era de la idea de que «el Arropiero» se inscribía en la categoría de un asesino en serie y, justamente, lamentaba lo poco que se le estudió desde este punto de vista. Según su criterio, si bien tenía varias formas de matar, poseía una «firma» propia como asesino, quizás no muy clara, pero presente; solo faltaba un trabajo de investigación para analizarla. Pérez Abellán sostenía que «el Arropiero» había ido depurando su forma de asesinar; de hecho, más de una vez se creyó que se trataba de accidentes en lugar de homicidios, sin contar el tiempo que tardaron en descubrirle: «El Arropiero tenía en sí el secreto del asesinato en serie y, debidamente estudiado, nos podría haber dado alguna clase de antídoto contra el veneno de la muerte». A su entender, en algún momento Delgado Villegas supo advertir el poder que ejercía sobre su víctima: de él dependía su suerte, él decidía si dejarla vivir o arrebatarle la existencia. Y ser depositario de ese poder lo hacía sentir omnipotente, importante. Como a todo violador, no le movía el sexo, sino el sentimiento de dominio sobre su víctima. Se trataba de una persona que no era capaz de tener relaciones sexuales normales, alguien cuyo placer dependía de la violencia que ejerciera sobre la presa capturada; arrebatar, raptar, pegar, acuchillar, golpear, matar: eso era lo que le daba placer sexual. No la relación sexual en sí, sino el poder que aplicaba sobre el otro mediante la violencia, en la forma que fuera. A veces consistía en penetrarla, a veces en desnudar a la persona y pasarle por el cuerpo el filo de su navaja. En palabras del doctor Luis Frontela, el forense que le realizó la autopsia a Francisco Marín Ramírez: «La violencia era una manera de satisfacer ciertos instintos, no solo sexuales, sino también para descargar su furia».

Pero otros dudaban de esta caracterización, ya que parecía un asesino en serie poco ortodoxo, fuera del molde típico. Por ejemplo, por el hecho de que sus víctimas no tuvieran puntos en común o que no siguiera un método preciso a la hora de matar. Sin embargo, con el paso del tiempo y de los asesinatos, se pudieron enumerar varios aspectos que daban uniformidad a sus crímenes: las víctimas aleatorias, el golpe del legionario y la necrofilia eran tres de las circunstancias que se repetían.

Como ya se ha señalado, la invención del término y la caracterización del «asesino en serie» son posteriores a los crímenes de Delgado Villegas, pero esas categorías sirvieron años después para analizar su conducta. El mérito es atribuido a los agentes del FBI John E. Douglas y Robert K. Ressler, junto con el de la psiquiatra Ann W. Burgess, con la que también trabajaron. Ellos definen como asesino en serie a «alguien que mata a otro en un contexto de poder, control, sexualidad y brutalidad». Era la descripción del «Arropiero».

Otro libro de referencia es el *Manual sobre perfiles criminales* de Holmes & Holmes. En él los especialistas postulan que un criminal de estas características «debe matar al menos a tres personas en un período mayor a 30 días». El gaditano cumplía con la regla.

Un argumento más, ahora de la mano de la escritora y periodista española Janire Rámila, también licenciada en Criminología. Sostiene que los asesinos en serie se mueven por dos principios: el principio de impulsividad y el de oportunidad, que deben darse juntos para que se cometa un homicidio. Ambas circunstancias se daban en algunas de las muertes de Delgado Villegas.

Ressler y sus colegas hablan de tres tipos de asesinos en serie: organizados, desorganizados y mixtos. El primero planifica sus delitos y suele ocuparse de que no se pueda identificar al muerto, que no era el caso del «Arropiero». En cambio, el desorganizado es un psicótico, y su condición patológica le impide elegir sus víctimas de manera lógica, ya que corre riesgos al hacerlo; definición en la que sí encaja Delgado Villegas.

Finalmente, la explicación que zanja todos los debates: aunque haya elementos comunes entre los asesinos en serie, no hay un patrón de conducta claro o un único *modus operandi*. Casi podría afirmarse que hay tantas clases de asesinos en serie como personas.

Capítulo 9

EPÍLOGO

Contar la vida de Manuel Delgado Villegas es, en algún punto, una cuestión de fe. Se pudieron comprobar muchos de sus crímenes, en parte gracias a su minuciosa memoria, pero hay infinidad de circunstancias que hay que rearmar consultando decenas de fuentes y apelando el sentido común, porque su vida es un juego de claroscuros sobre la que hay poca documentación, lo que dificulta la recolección de datos. Es posible entonces que quizás alguna fecha no sea precisa o que algún hecho no se haya desarrollado exactamente de la manera relatada, pero a grandes rasgos afirmamos que se puede armar un perfil del «Arropiero», el peor asesino en serie que tuvo España.

Su verdugo: la EPOC

Desde que fue atrapado por la policía hasta el último día de su vida, «el Arropiero» estuvo internado en hospicios. Finalmente, en mayo de 1996, quedó en libertad, al igual que muchos otros delincuentes diagnosticados como enfermos mentales a lo largo y ancho de España que habían sido encerrados indefinidamente. Para entonces, ya llevaba 24 años y medio viviendo en psiquiátricos penitenciarios, al punto de que algunos le llamaban «el Robinson de los hospicios».

Ya en libertad, fue trasladado a un centro psiquiátrico de Santa Coloma de Gramanet (Barcelona), cerca de su familia —que se circunscribía a su hermana— sin barrotes y con un régimen de puertas abiertas. A pesar de que su estado físico y mental era lamentable, aún despertaba temor. La periodista Margarita Landi, que le conocía bien, dudaba de esta liberación: «Les recomendaría a los habitantes, a la policía de Santa Coloma, que averigüen si se presentan crímenes sin resolver. Tranquilamente por esa zona y alrededores puede encontrarse algún cadáver y ni sepan que ha sido él quien lo ha matado». Sin embargo, a su exdefensor oficial, el letrado Roqueta, le parecía difícil: «Es cierto, si salía a la calle en Santa Coloma podía haber cometido otro asesinato. Claro que el hombre estaba muy chafado, pero no tan chafado para volver a matar».

La realidad es que el sujeto que había llegado desde Alicante nada tenía que ver con el asesino del que se escribieron ríos de tinta. Vagabundeaba por las calles de Santa Coloma y Mataró, desgreñado, sin pronunciar palabra, y pedía dinero sobre todo para comprar cigarrillos que consumía sin cesar. Quienes se le cruzaban ignoraban que aquel hombre era el mayor asesino de España. Apenas si podía con su alma, tenía poco más de 50 años, pero arrastraba los pies como si fuera un anciano. ¿A quién podría haber matado?

Sus problemas pulmonares le obligaron a internarse varias veces, hasta que el 23 de enero de 1998 ingresó por última vez en el Hospital Can Ruti de Badalona, ya sin poder respirar, y falleció el 2 de febrero, pocos días después de cumplir 55 años. No le mató el pariente de algunas de sus víctimas ni un preso en la cárcel, ni tampoco la policía que le detuvo, ni ningún verdugo que hubiera podido ejecutarle. Manuel Delgado Villegas, «el Arropiero», murió en una cama de hospital, víctima de la EPOC, sus pulmones no daban más de tabaco. Había fumado constantemente desde la adolescencia y lo justificaba diciendo «acalla las voces de mi interior».

Paradójicamente, Delgado Villegas murió como un ciudadano limpio de antecedentes penales, según el certificado oficial expedido por el Registro Central de Penados y Rebeldes. Después de todo, nunca había sido llevado a juicio por ningún delito.

Y más
Cuando el equipo que se encargó de investigar los crímenes del «Arropiero» viajó a Mataró para realizar la reconstrucción del crimen de Anastasia Borrella, la hermana de Delgado Villegas se acercó hasta la comisaría y solicitó permiso para ver al inspector Ortega. Obviamente, este accedió y tuvieron una conversación

en la que Joaquina Delgado Villegas le contó detalles de su infancia y de la de su hermano, con abundancia de detalles que sirvieron a las autoridades para seguir armando el perfil del «Arropiero». Después le pidió permiso para hablar con su hermano y por supuesto, accedieron a ello con la condición de que Ortega estuviera presente.

El inspector puso a un hermano frente al otro en la comisaría de Mataró y él se sentó a su lado. Ni «Hola» ni «¿Cómo estás?», lo primero que hizo Joaquina fue preguntarle si era verdad que había hecho todo lo que los periódicos decían de él, y la contestación de Delgado Villegas, que podría haber sido agachar la cabeza y tratar de justificarse, o parecer menos monstruoso de lo que era, fue otra. Su contestación fue clara. La miró a los ojos y respondió: «Y más».

PERFIL CRIMINAL

Nacimiento: El Puerto de Santa María, 25 de enero de 1943.

Nombre y ocupación: Manuel Delgado Villegas. Su apodo venía de la elaboración y venta de arropías, ocupación a la que se dedicaba su padre y él mismo. Antes había sido chapero y proxeneta.

Infancia y juventud: su madre murió en el parto. El padre los dejó a él y su hermana al cuidado de la abuela materna, que pronto se mudó a Barcelona. Sufrió maltrato físico y psicológico en el ámbito familiar. Le expulsaron del colegio por violento. No aprendió a leer ni a escribir. Su dislexia y tartamudeo le impedían comunicarse con fluidez y le tomaban por tonto.

Esposa e hijos: no se casó ni tuvo hijos.

Perfil: llamaba la atención, porque era bien parecido, magnético, y así trabó relación con varias de sus víctimas. Pero a la vez tenía particular facilidad para pasar inadvertido y era hábil para escaparse, lo que le permitía cruzar fronteras de manera ilegal. Era alcohólico y fumador compulsivo.

Perfil psicológico: le movía la furia, la imposibilidad de lidiar con la frustración, por sentirse ofendido, aburrido o enojado. No se arrepentía de sus crímenes, pero cuando los confesaba, se justificaba culpando a sus víctimas. Psicópata. Iracundo y violento. Grave pulsión sexual asociada a la violencia. Necrófilo.

Tipo de víctimas: aleatorio, tanto varones como mujeres, de todas las edades.

Crímenes: confesó 48 asesinatos, aunque no se pudo establecer el número exacto. Cometió los homicidios en tres países: España, Francia e Italia. Se comprobó que violó a dos o tres de sus víctimas mujeres después de matarlas.

Modus operandi: era un asesino desordenado, frío, cruel, rápido. No planificaba sus crímenes ni se proponía matar a nadie. Su arma letal era una toma de karate que aprendió en su paso por la Legión Española.

Condena: nunca fue juzgado, por ende, nunca fue condenado. Se le internó en hospitales psiquiátricos penitenciarios desde que fue detenido hasta que fue puesto en libertad en 1996. Murió a los 55 años a causa de EPOC.

Bibliografía

Instinto criminal – La escalofriante historia de los asesinos en serie más conocidos, Plaza & Janés, 2013.

J. M. Mulet, *La ciencia en la sombra*, www.librosmaravillosos.com, 2016.

TÍTULOS DE LA COLECCIÓN

TED BUNDY
LA MENTE DEL MONSTRUO

* * *

JOHN WAYNE GACY
EL PAYASO ASESINO

* * *

DENNIS RADER
BTK: ATAR, TORTURAR Y MATAR

* * *

ANDRÉI CHIKATILO
EL CARNICERO DE ROSTOV

* * *

HENRY LEE LUCAS
EL PSICÓPATA SÁDICO

* * *

AILEEN WUORNOS
LA DONCELLA DE LA MUERTE

* * *

CHARLES MANSON
LA NOCHE DE LA MASACRE

* * *

EL ASESINO DEL ZODÍACO
UN ACERTIJO SIN RESOLVER

* * *

ANDREW CUNANAN
EL ASESINO DE VERSACE

* * *

JEFFREY DAHMER
EL CANÍBAL DE MILWAUKEE

ALEXANDER PICHUSHKIN
EL ASESINO DEL AJEDREZ

* * *

PEDRO ALONSO LÓPEZ
EL MONSTRUO DE LOS ANDES

* * *

HAROLD SHIPMAN
EL DOCTOR MUERTE

* * *

ARQUÍMEDES PUCCIO
EL SINIESTRO LÍDER DEL CLAN

* * *

GILBERTO CHAMBA
EL MONSTRUO DE MACHALA

* * *

MARY BELL
LA NIÑA ASESINA

* * *

DONATO BILANCIA
EL ASESINO DEL TREN

* * *

JACK EL DESTRIPADOR
EL TERROR DE WHITECHAPEL

* * *

MANUEL DELGADO VILLEGAS
EL ARROPIERO: UN PSICÓPATA NECRÓFILO

* * *

JEAN-CLAUDE ROMAND
EL PARRICIDA MITÓMANO